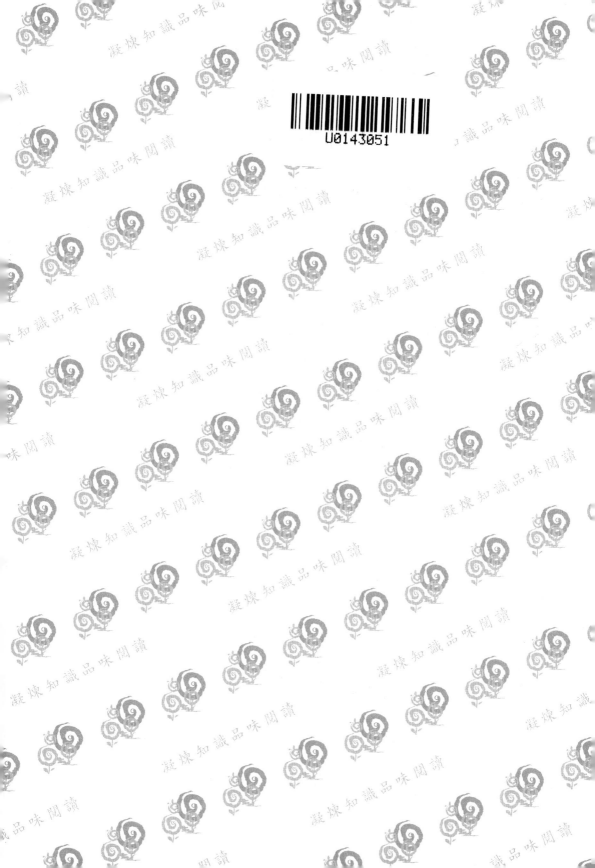

U0143051

教學藝術
素養、創新、多元、議題

洪如玉　主編

洪如玉　吳瓊洳　陳聖謨　葉譯聯

黃繼仁　蔡明昌　林仁傑　著

五南圖書出版公司 印行

推薦序一

　　本人非常樂見《教學藝術：素養、創新、多元、議題》一書的完成與出版，本書是本校高教深耕教師專業成長社群計畫的支援下進行，由本校教育學系洪如玉特聘教授主編，與本校教育學系黃繼仁教授、陳聖謨教授、葉譯聯助理教授、輔導與諮商學系吳瓊洳教授、師資培育中心蔡明昌教授，以及臺灣體育大學師資培育中心主任林仁傑副教授同心協力共同合作完成的著作，作者們都是教育學界師資培育領域倍受肯定的學者，無論在研究、教學、服務的表現均相當傑出優秀，本書可謂是作者們在豐富理論與實務經驗交融後的精華，本書主題涵蓋倫理學與心理學對善惡的反思、家庭人際關係教育、創意教學、素養導向教學、成敗歸因與生命教育、美感素養教育等，內容豐富，主題多元，對於師資培育、教育研究與實務工作者而言，是相當值得參考的著作。

　　此外，本書也見證校內外資深教授與年輕學者們的通力合作，共同激發出學術與教育的火花，期待此研究教學創新的熱誠能在嘉義大學教師中持續發光發熱，為教育學術薪火相傳。

國立嘉義大學校長

艾群

推薦序二

2020 年春，世界被 COVID-19 疫情翻天覆地攪亂了發展，全球有多個國家的教育產業受到衝擊，而臺灣因防疫成效卓然，多數學校可維持正常上課，僅有少數班級、學校停課。而臺灣高等教育的發展在這波風暴下未曾停下步伐，仍積極的迎向各種挑戰與未知；在這艱辛的旅程裡，國立嘉義大學的教師們也不遑多讓地昂首向前，致力於提供更優質的教育。這本書便是洪如玉老師等人無畏風雨，以本校的教師專業成長社群為平臺，邀請諸位教師走出個人研究室與教室，於社群交流中激盪出能促進師資課程創新與活化的火花。

本書因應師資培育的專業素養及其指標，藉由諸位教師的專長，淬鍊為文，將教育哲學內對道德教育的思辨提出建言、引領教師以自身培養創造力作為教學能量、或以本土化角度詮釋理解成敗歸因理論，各篇章自不同的理論觀點出發，從多元的論點中提煉而成嶄新的教育面貌。其中洪如玉老師探討我們與「惡」之間的距離，以著名的納粹屠殺猶太人及後續的紐倫堡大審為例，揭示了惡行並非全然來自於惡人；若未經思考判斷，任何人都極有可能在無意識中跨過邪惡的邊界而淪為惡的載體。因此，憑藉不從眾的獨立判斷能力至為重要。

閱讀完本書，我不禁想到嘉義大學於今年 3 月公演的百老匯音樂劇《金法尤物》，其中女主角艾兒（Elle）在全然黑與白的哈佛法學院裡，以一身突兀的粉紅色及金髮，顛覆了眾人（或世人）對外在事物的界定與認知，艾兒善用其邏輯思維及對各種事物的客觀理解，成功解救了可能枉受牢獄之災的當事人。艾兒在哈佛法學院的學習經驗，不是讓她變成一味盲從跟隨眾人的人，反倒使艾兒堅持自身的道德準則，運用教育帶來的力量，以信念堅定支持她的行動，而行動也同時

印證了她的信念。

　　教育不是照本宣科、亦非教條式的規訓，教育是在漫漫長路上理解自己與他人，進而理解世界。透過本書，希望能讓正在閱讀的你，透過獨立思考更加善待自己與他人，並且善待世界。

國立嘉義大學教務長

古國隆

2021 年 3 月

主編序

　　本書之完成可說是一個意外的奇蹟，也是驚喜。

　　多年的教學研究常使學者陷入瓶頸，如何突破框架、打破習以為常的教學研究規律而發現新的刺激與靈感，往往困惑著筆者。本校教務處教學發展組徵求校內高教深耕教師專業成長社群計畫成為一個契機，筆者尋思，或許此計畫可讓平日關在自己研究室中的教授們相互交流對話，更突發奇想，或許教師們在相互分享之際，也願意將研究教學心得書寫為文，可將個人之教學研究心得廣為分享給學界，因此，藉此計畫，筆者邀請教師們參與共同著作，也獲得本書作者們慷慨應允，此為成就本書的緣起。

　　本書共有七章，作者們在教育各領域中深耕多年，分享教學研究心得。本書涵蓋七個不同的主題，內容多元豐富，含括倫理學上對於「惡」的探討、創意教學的意義與訣竅、創新教學模式之內涵與落實知能、從語文教育探討多元識讀素養、從大學生的家庭關係反思自我以及如何建立積極正向的家庭互動、從成敗歸因思考生命教育的意義，並從中小學教育現場思考跨域的美感素養教學等等多元有趣的主題，作者們也針對這些議題，提出相當具有創意且具參考價值的教學構想，本書對於不同教育領域與師資培育有興趣的教師與學者，應具有相當程度之參考價值。

　　最後，本書問世要感謝國立嘉義大學高教深耕計畫的支持，也感謝五南圖書出版公司與黃文瓊副總編輯的協助，更感謝本書除筆者之外的作者們——黃繼仁教授、陳聖謨教授、吳瓊洳教授、蔡明昌教

授、葉譯聯專案助理教授、林仁傑副教授——鼎力相助不吝賜稿，共
同完成此本著作，為教育理論與實務的對話場域中增添一美好標記。

本書主編暨作者
嘉義大學特聘教授

洪如玉

目　錄

第 1 章

我們與「惡」之間的距離？
很近或很遠？

洪如玉
國立嘉義大學教育學系特聘教授
兼師資培育中心主任

摘　要

　　教育的理想是使人向上，使人為善，但是，為什麼有些平常溫和有禮、甚至受到親朋好友肯定的「好」人，卻被發現也會犯下惡行？如何思考與理解「惡」的本質與意義，是道德教育重要的課題，本文從質疑「惡」的意義開始，透過政治哲學家漢娜‧鄂蘭對納粹屠殺的反思，以及著名的社會心理學實驗，一步步深入「惡」的意義，揭示出缺乏獨立思考與擔任個體責任的決斷，可能是造成「惡」的重要關鍵，因此，道德教育不是灌輸倫理教條，更重要的是培養個體反對盲從權威、反對從眾的獨立思考力。倫理思考與道德教育可透過跨領域的學習，以及多元議題的探究，來獲得更深入廣泛的理解。

壹 導論

公共電視在 2019 年播出一部名為《我們與惡的距離》的戲劇，引起頗為熱烈的回響，該戲劇內容關乎某些引發社會關注的事件，包括隨機殺人、思覺失調病症、新聞媒體爭議等等，這部戲劇有許多值得思考的倫理問題，例如：精神障礙者做壞事、做錯事，是一種惡嗎？媒體，關於隨機殺人，最令人印象深刻者應為 2014 年 5 月 21 日在臺北捷運板南線上發生震驚全臺的隨機殺人案件，造成四人死亡、24 人受傷，凶手雖已在 2016 年伏法，但是該事件卻令國人心中留下不可磨滅的傷痛，以及最大的疑問：為什麼一個貌似平凡、普通的正常人[1]，會犯下如此驚世駭俗之罪行？或者，他不是普通人？普通人怎會犯下此罪大惡極之事？是不是極度邪惡的人——也就是世俗所謂不配稱為人的「禽獸」才會做出這樣可怕的事？這樣想是否意味著，做大惡之事的人必是大惡之人，做小惡事者是小惡者嗎？那麼，是不是有道德的人就不會做壞事呢？但是，道德教育真能把人教成為有道德、不會作惡之人嗎？臺灣從 90 學年度逐年實施《九年一貫課程》，至今實施《十二年國民基本教育》，道德教育不再被單獨設科，故曾有學者質疑教改之後的課程為「缺德」（簡成熙，2004），然而，也有學者指出品德教育並非簡單的價值中立或價值灌輸的二選一，品德教育也不僅只是生活常規與習慣（李琪明，2017），如果實施道德教育，就能把人教成有德者，那麼世界上凡是有道德教育的社會就應該不再有作奸犯科之人與事。然而，這顯然不符現實，可見教人成德成善的關鍵不在於有沒有單獨設科的道德教育，重點是，如何了解道德的本質，例如：什麼是

---

[1] 新聞媒體對凶嫌鄭捷家庭社經背景說法不一，有的稱其家庭富裕，有的則稱其為一般，但無論如何，鄭捷家庭仍可稱為正常，父母俱在，有一個弟弟，凶嫌犯案時為大學在學生，雖曾在大學階段被退學轉學，但是也不算是超乎常人的挫折，維基百科稱其動機為「記恨於二位國小女同學，心理偏差但未獲得家庭及學校輔導改善。」相當不具說服力。（取材 https://zh.wikipedia.org/wiki/ 鄭捷〔臺灣〕）

善、什麼是惡、如何做道德判斷等等。本文無法涵蓋對道德本質的全面探討，在此，本文將焦點放在道德倫理教育中的一個重要課題：「惡」是什麼。如果我們對於「惡」能多了解一點，或許在教育上，就知道如何能教學生避免作惡。學著不作惡，或許是邁向學習有道德的一小步，也是在教育上比較可行的一步。

貳　「惡」是什麼？惟惡者行惡？或凡人皆可作惡？

一、從「邪惡」開始思考：以令人髮指的種族屠殺為例

惡作劇、爆粗口、與同學或鄰居吵架與「邪惡」似乎有點距離，某些人類歷史上驚天動地的事件可以讓我們很清楚何謂「邪惡」或「大惡」，例如在二十世紀上半葉的第二次世界大戰期間德國納粹進行「尤太人大屠殺」[2]（Holocaust），這毫無疑問是全人類普遍認知的邪惡行動，會做出屠殺六百萬人的可怕行為的納粹們顯然都是邪惡的大魔頭，戰後同盟國對納粹領導人展開軍事審判，最著名的為 1945 年 11 月到 1946 年 10 月之間在德國紐倫堡舉行的歐洲軍事法庭審判，俗稱「紐倫堡大審」，雖然惡名昭著的納粹領袖阿道夫・希特勒（Adolf Hitler）在戰敗前夕已自裁，盟國仍對納粹德國 24 位主要的政治軍事領導人進行審判，除少數幾位獲判無罪，大多被告被判有罪而處以絞刑、終身監禁或多年徒刑。然而，犯下屠殺數百萬可怕罪行的「罪人」或「惡人」不僅止於這些被告，許多納粹黨員隱姓埋名躲藏起來，尤太人在 1948 年獨立建國為以色列，仍然堅持著追捕隱匿的納粹分子並予以審判，在後續的追捕審判納粹分子的事件中，最為著名者為歐托・阿道夫・艾希曼（Otto Adolf Eichmann）的案例，也是思考「惡」的意義之最佳事例之一。

---

[2] Jew 通常翻譯為「猶太」，但是「猶」字部首「犬」，在中文則帶有貶意，因此本文採取學者雷敦龢與周遜等人之觀點，採用「尤太」取代「猶太」，（雷敦龢，2013）。

　　艾希曼擔任納粹德國黨衛軍少校，在二次大戰之後改名換姓移居到阿根廷，在 1960 年 5 月被以色列情報局發現並祕密捉拿到耶路撒冷，1961 年 4 月 11 日艾希曼在耶路撒冷公開受審，而此大審引起舉世矚目，許多國際媒體到場聆聽，超過百位的大屠殺倖存者出庭作證，艾希曼在 1961 年 12 月 25 日被處以絞刑。

　　在諸多對艾希曼受審的相關報導中最受矚目、也引發最多爭議的是政治哲學家漢娜・鄂蘭（Hannah Arendt）的著作《平凡的邪惡：艾希曼耶路撒冷大審紀實》（Arendt, 2013）。漢娜・鄂蘭是美籍尤太裔學者，1906 年出生於德國，就讀馬堡大學、弗來堡大學，並在海德堡大學取得博士學位，1933 年因納粹迫害尤太人，漢娜・鄂蘭離開德國而遷徙在歐洲各國，1941 年前往美國，並於 1951 年取得美國公民身分，曾任教於芝加哥大學以及位於紐約以社會學與政治學著稱的新學院（New School），她的研究圍繞著極權主義、權力、權威等核心，遭受過納粹迫害的漢娜・鄂蘭，對於納粹的極權主義本質以及艾希曼的審判也有高度興趣，因此，當得知艾希曼審判將在耶路撒冷公開舉行，漢娜・鄂蘭與《紐約客》（The New Yorker）編輯聯繫，為其擔任報導，因而前往耶路撒冷旁聽審判，在聆聽數月的審訊與觀察艾希曼之後，漢娜・鄂蘭出版了《平凡的邪惡：艾希曼耶路撒冷大審紀實》，其實本書英文原名為：*Eichmann in Jerusalem: A Report on the Banality of Evil*，主標題為「艾希曼在耶路撒冷」，副標題為「一份關於邪惡的平庸性之報告」。

二、「邪惡」的開始：非凡人所能？或平庸？

　　《平凡的邪惡：艾希曼耶路撒冷大審紀實》一書雖有詳細的艾希曼審判中所涉及的議題與歷史，但是其實這本書並不容易讀，因為本書體材不同於新聞報導，而是在審判過程中所揭露的艾希曼在二次世界大戰中關於納粹壓迫與屠殺尤太人事務的各種細節，而納粹對尤太人的壓迫與屠殺所涉及之面向相當廣、事務相當多，且當納粹占領歐洲各國時，

因時間與地區的差異，採取各種不同的措施，上述細節在審判過程中也被仔細檢視，以釐清艾希曼在二戰期間納粹屠殺尤太人的計畫中所扮演的角色與責任，漢娜・鄂蘭的撰寫方式同時採取敘述與評論，並引用頗多史料，甚至包括艾希曼的成長過程，因此本書並不是一本單純的報導。本書出版之後引發巨大爭議，最主要之處在於，她認為最大的邪惡在於不思考的服從，不思考的服從可以從兩方面看出來，其一在艾希曼本人，其二則在眾多服從的加害者與受害者，甚至尤太人自身也是共犯結構之一。

首先，在眾人眼中十惡不赦的大魔頭艾希曼，但在漢娜・鄂蘭筆下卻是一個再平凡不過的普通人，至多是個小丑、一個服從上級命令、守法的官僚，他所犯下的可怕暴行不過是遵守命令與法律的結果。漢娜・鄂蘭筆下的艾希曼有著語言表達的障礙、思想空洞，為了掩飾這種缺陷，他反覆使用許多陳腔濫調的成語，但言之無物，漢娜・鄂蘭說：

> 聽艾希曼講話講愈久，便愈能發現，他語言能力的欠缺，跟他無法從別人角度思考的特質是緊密相連的，他完全無法溝通，原因不是他撒謊，而是因為他被一個堅而不摧的牆包圍，將語言與他人的存在隔離在外，因此，他無法感知現實。（Arendt, 2013, pp. 64-65）

依照漢娜・鄂蘭的觀察，難道艾希曼是一個無法與其他人溝通的人嗎？無法感知現實的障礙是病理、生理的缺陷嗎？問題是，一個語言表達有障礙的人能不能、該不該為自己的行為負責呢？根據漢娜・鄂蘭，艾希曼的記憶力很差，對許多事實或重要日期的說詞顛三倒四，但是對於過往納粹時期的宣傳語言卻是牢牢記住，得意之情溢於言表，他的說法前後不一、反反覆覆，在漢娜・鄂蘭的眼中，艾希曼不過是個「荒謬滑稽的罪人」（p.69），雖然令人難以置信，其實他是個「小丑」（p.70）。

但這樣的小人如何可能是造成數百萬人喪生的劊子手呢？漢娜・鄂

蘭寫道，艾希曼認為自己所作所為是在「履行職責，盡力當一個守法的公民。他一再告訴負責審訊的警察以及法官：他不但遵守命令，也恪守法律規定」（Arendt, 2013, p. 157），艾希曼甚至引用十八世紀哲學家康德（Immanuel Kant, 1724-1804）的解釋為「法律就是法律，法律不容許有例外」，因此艾希曼自認為盡忠職守是忠實康德信徒的表現，因此遵守納粹德國的職責對尤太人的壓迫與滅絕屠殺是守法甚至符合道德的。艾希曼的說法當然無法受到大眾認同，然而漢娜·鄂蘭似乎並未對此大加批判，而是在某種程度上「同意」（並非支持）艾希曼的看法，而盡忠職守的艾希曼最大的問題在於「不思考的盲從」，艾希曼不是惡魔，而是缺乏思考與判斷的庸人，可說是龐大官僚體系裡的一顆小螺絲釘。

關於漢娜·鄂蘭對艾希曼的觀察引起許多爭議，德國學者貝蒂娜·施湯內特（Bettina Stangneth）於 2011 年出版《耶路撒冷之前的艾希曼平庸面具下的大屠殺劊子手》（*Eichmann vor Jerusalem: Das unbehelligte Leben eines Massenmörders*）（Stangneth, 2020），該書作者施湯內特分析大量史料後提出許多證據，指出艾希曼並非只是一個小人物、一個不知思索的盲從官僚，而是一個善於偽裝、工於心計的謀殺犯，一個罪大惡極的惡魔。

其實，本文認為，漢娜·鄂蘭或施湯內特都呈現出艾希曼複雜人格的不同部分，因為，人性本是複雜多面的，艾希曼可能是一個可笑、平庸、聽命行事的小丑，但他也是內心邪惡、草菅人命的惡魔，甚至對他的家人子女而言，他是慈愛的父親，一個人的人格所有的優點、缺點、善或惡，並不因為其中一項的突出或加強而致使其他特點全然消失，其他特點可能只是較不明顯罷了。

其次，《平凡的邪惡：艾希曼耶路撒冷大審紀實》引發諸多尤太人反彈的還有一點，就是該書指出尤太人自身在納粹屠殺尤太人過程中所扮演的角色。例如：德國在二戰期間占領歐洲各國期間，也在各國成立傀儡政府與尤太人中央委員會，尤太人中央委員會成員幾乎都是當地公認的尤太領袖，漢娜·鄂蘭引用許多歷史學家勞爾·希爾柏格（Raul Hilberg）的研究史料，指出「這些領袖都齊心全力與納粹合作，無論在

阿姆斯特丹或華沙、柏林或布達佩斯，尤太領袖負責提供社區內尤太人的名單與財產清單，並確保受害尤太人都留下足夠款項，以支付驅逐和滅絕的費用，此外，也負責追蹤空置公寓，提供警力協助圍捕尤太人，並把被逮捕的同胞送上火車」（Arendt, 2013, p.139），此觀點與評論引起尤太人激烈反彈。漢娜・鄂蘭似乎是說，受害者也是加害者，這對於尤太人而言，確實是難以忍受的批評。

本文主旨不在於評議漢娜・鄂蘭的觀點正確與否，如同上一點，善惡或許無法簡單的用單一事例判斷，歷史真相更難以用單一觀點來呈現，在尤太人屠殺的事例上，在千百萬受迫害的尤太人中，無論是在被占領區域或在集中營，確實有人與納粹合作，但是這些事例都不應輕易一概而論，並作為譴責尤太人的理由。但是漢娜・鄂蘭確實指出一點極為重要的倫理困境，當人們面臨巨大暴力脅迫時，究竟應該挺身抵抗或與之妥協？為了身家性命安全與暴力妥協是一種「惡」嗎？在此，即使漢娜・鄂蘭的觀點受到很大挑戰，她指出「不思考的盲從」在罪惡形成過程中可能扮演重要角色，仍然相當值得重視，在加害者與受害者之間的矛盾關係中，如何權衡對抗與妥協並追求正義，審慎與深刻的思考是絕對必要的，而「審慎思考」正在「不思考之盲從」的對立面。

綜合上述，漢娜・鄂蘭提出兩點關於「惡」的思考：一是作惡者的面貌並不一定是罪大惡極的惡魔，有時，極為平庸者也可能為大惡；二是受害者與加害者之間並不是處於一種靜態的階層關係，受害者可能因某些因素成為加害者的結構的一部分，但這不意謂著受害者因而不再受害，而加害者也可能在某些狀況下轉為受害者。

三、「服從」實驗

漢娜・鄂蘭之報導與艾希曼的公開審判給世人巨大震撼，「不思考之盲從」可能表現為僵化的恪遵法令與依法行政，納粹的數百萬人種族屠殺並非少數領導階層所能完成，納粹政權底下的追隨者或管轄下的公務員為數可觀，有些人可能是狂熱納粹信徒，但有些人可能只是執行公

務，如此才可能進行如此龐大的種族壓迫與屠殺，這不禁讓人懷疑，為什麼人們會遵守法令執行違背人性的工作？

耶魯大學社會心理學教授史丹利・米爾格倫（Stanley Milgram）問：

艾希曼和數百萬參與大屠殺的追隨者真的只是遵從法令嗎？我們能叫他們都是共犯嗎？（Milgram, 1974）

米爾格倫認為此種盲從與權威有觀，在 1961 年他進行了一個影響頗深遠的心理實驗，稱為「電擊實驗」，他首先在報紙上刊登廣告，徵求參加心理實驗的實驗對象，參與者可獲得時薪美金 4 元，外加 0.5 美元的車資，實驗人員對於招募來的實驗參與者稱他們進行的是體罰對學習成效的影響，實驗參與者擔任「教師」角色並被要求操作一個電擊機器，在隔壁房間的實驗對象是「學生」，「教師」手上有問卷與答案，而「學生」手上有問題，「教師」與「學生」分處於不同房間，因此看不到彼此，但可以聽到聲音。當實驗開始，教師會開始讀手上問卷的單字，然後發問，學生如果答錯，教師就要按下機器上的按鈕產生電擊，而隔壁房間答錯的學生則會受到電擊的處罰，如果學生持續犯錯，教師施以電擊的電壓會隨之增加，學生的慘叫聲也會愈來愈大聲、甚至捶牆壁、甚至突然靜默（Milgram Experiment, 2020）。

其實，在隔壁房間擔任「學生」的人並非招募來的參與者，他們也是實驗小組成員，而電擊機器其實並不能真正產生電擊，當「教師」按下按鈕，聽到隔壁傳來的慘叫聲只是「學生」操作錄音機以播放事先錄好的聲音，實驗對象們聽到隔壁的尖叫聲時，都會暫停，但是實驗小組會有一套標準四句回應，告知「教師」要持續實驗，如果實驗小組說完這四句話而參與者仍執意要求停止實驗，該實驗就會停止，但是，實驗參與者若沒有堅持己見，而聽從實驗小組，實驗便會持續進行，直到電擊伏特數達到 450 為止。其實，此實驗真正的實驗對象是「教師」而非「學生」，而其目的是了解「服從」，米爾格倫的目的正是要觀察，一般人在權威要求下的反應。多次實驗後顯示，平均 65% 的受試者會持

續電擊到最高程度的 450 伏特（Milgram, 1973）。

　　米爾格倫（1973）說，在實驗開始之前，他曾先問過許多人，包括同事、精神科醫師、大學生等等，讓他們事先預測實驗結果，人們都預料多數受試者不會聽命於實驗小組的要求，但是人們的預測都錯了，在第一次實驗的主要受試者是耶魯大學大學生，有 60% 的受試者會完全服從，其次，米爾格倫招募一般居民為受試者，但結果極為類似，之後此實驗在普林斯頓、慕尼黑、羅馬、南非、奧地利等地舉行，結果都是類似的，甚至在慕尼黑有 85% 受試者會服從實驗小組的要求。

　　米爾格倫實驗的研究結果令人震撼，為什麼大多數擔任「教師」的普通人在實驗過程中，聽到「學生」淒厲的尖叫聲，還能持續電擊對方？[3]

四、人性考驗

　　1971 年 8 月 15-21 日史丹福大學社會心理學教授菲利浦・津巴多（Philip Zimbardo）進行另一個同樣震撼世人的心理實驗，稱為「史丹福監獄實驗」（Stanford Prison Experiment），津巴多想要了解，如監獄的壓抑暴力的環境對於人際互動的影響（Haney, Banks, & Zimbardo, 1973）。[4]

　　津巴多在報紙上招募參與監獄生活實驗的受試者，日薪為 15 美元，從 70 位應徵者中挑選 24 位，並隨機平均分配扮演「獄卒」與「犯人」，實驗小組在史丹福大學校園心理學系喬丹大樓（Jordan Hall）地下室設置了模擬監獄，「獄卒」與「犯人」安排在此（Stanford Prison Experiment, 2020），受試者被告知此項實驗主要有兩個研究問題：

---

[3] 米爾格倫實驗有很大的研究倫理爭議，因為一開始就建立在欺騙受試者的立場上，違反「知情同意」，從今日的研究倫理審查而言是不符合研究倫理的。

[4] 史丹福監獄實驗也有極大研究倫理爭議，因為可能帶給受試者心理創傷，違背「受試者保護」的研究倫理原則。

一、在新情境下行為規範的發展。物理環境對於心理環境的改變。

二、比較處於相同環境「監獄經驗」但被隨機分配擔任不同角色的不同知覺。（取材 http://pdf.prisonexp.org/geninfo.pdf）

　　此項實驗預計為期五天到兩周，受試者可能會因個別情況不同而參與實驗時間的長短不同，津巴多則扮演類似典獄長的角色，他告知「獄卒」可以壓迫式地管理、命令、控制「犯人」，但不能對他們的身體有實質傷害，並給受試者 17 條「犯人守則」，「犯人」在家被真正的警察「逮捕」帶往喬丹大樓地下室的模擬監獄，而實驗隨後開始。根據研究者（Haney & Zimbardo, 1998）所述，受試者們原本都是看起來溫和善良的人，但他們卻在實驗開始之後，受試者很快便融入他們所扮演的角色，「獄卒」開始惡整本來是同學的「犯人」，並無視於後者的痛苦。幾天之內，「獄卒」與「犯人」之間就產生衝突，他們之間的互動變得「負面、敵意、挑釁、沒人性」（Haney, Banks, & Zimbardo, 1973, p. 80），「犯人」抗議暴動，「獄卒」則採取更嚴厲的處罰手段來控制「犯人」，兩個群體之間產生激烈的情緒反應與對峙，因此整場實驗在第六天宣告中止。

　　津巴多的實驗同樣令人震驚，為什麼原本溫和的普通大學生關在模擬監獄裡，短短幾天會變成暴力相向？甚至扮演「獄卒」角色的受試者以近乎虐待的手段對待「犯人」？

五、不辨是非之「惡」

　　從漢娜・鄂蘭對艾希曼的觀察，到米爾格倫的電擊實驗，再到津巴多的模擬監獄實驗，顯示出一條對於人性思考與理解的思路，那就是平凡、善良的普通人是可能為惡的，為非作歹不是惡魔的專長。問題是，為什麼人作惡？可不可能教人不為惡？

　　惡事成千上百種，為惡的原因也可能相當多，漢娜・鄂蘭、米爾格倫、津巴多並不能提供一個絕對的標準答案，但提供了一面明鏡，讓我們從「服從權威」與「監獄化情境」來思考。津巴多及其同僚漢尼（Craig Haney）曾在監獄實驗 25 年之後回顧並比較電擊實驗與監獄實驗的異同，漢尼與津巴多說：

　　　　我們進行史丹福監獄實驗的目的是想要從一個基本觀點——強調社會情境的潛能——拓展到一個相對而言未探討的社會心理學領域，特別是透過實驗來呈現制度性環境對身歷其境的人的影響。相較於史丹利・米爾格倫的研究，他們的焦點是個人面對權威極端而不公正的要求時的服從；監獄實驗則檢視在相同制度環境裡的群體所產生的一致性壓力。
（Craig & Zimbardo, 1998, p.710）

　　米爾格倫實驗顯示出個人可能服從權威的不合理要求而作惡，監獄實驗則顯示出人們在非人性化的環境以及群體壓力之下共同作惡，這兩點雖無法解釋作惡的全部原因，但是卻揭示出平凡人作惡的三項可能條件，那就是：服從權威、非人性化的環境與制度、群體壓力，而這三點的共同核心都是缺乏深刻獨立思考，在缺乏反省的前提下，權威或群體可能迫使平凡的個體做出違背道德的事；在缺乏獨立思考的前提下，如監獄般壓抑人性的環境與制度也可能促使凡人認同惡劣的體制，成為壓迫性體制的一分子，放棄作為個體的自主決定與責任，如前述艾希曼自認為依法行政，不認為自己在屠殺尤太人的行動中必須負責；在電擊實驗中扮演教師的受試者也在實驗人員的要求下，持續對「學生」電擊；而監獄實驗中扮演獄卒的大學生變得殘酷粗暴。但是，如漢娜・鄂蘭所說：

　　　　……有一個根本性的問題沒有解決，這個問題在所有的戰後審判都隱約浮現過，而且關乎各個時代最核心的道德問題，

換言之，就是關乎人類判斷力性質和功用的問題。……人應能明辨是非，即使在只能仰賴個人判斷力，甚至當自己的判斷與眾人公信的判斷完全相左的時候，也是如此。……少數還能明辨是非的人只能依靠自己的判斷力，此外便別無依憑……（Arendt, 2013, p. 324）

如上所述，此根本問題也是道德教育最重要的問題之一，那就是，如何教導：(1) 明辨是非、(2) 不隨俗、(3) 不從眾的自主獨立道德判斷。

參　教育實踐與課程素養對應說明

在目前的十二年國民基本教育課程綱要的框架下，能否教導明辨是非、不隨俗、不從眾的自主獨立道德判斷？以下本節從兩個面向來看道德教育如何在十二年國教中實施，首先探討《十二年國民基本教育課程綱要總綱》中道德教育的涵義；其次探討道德教育的核心。

一、十二年國民基本教育核心素養與道德

首先就十二年國民基本教育課程綱要來看，核心素養「社會參與」的「道德實踐與公民意識」與道德教育關係最為密切，根據《十二年國民基本教育課程綱要總綱》，「道德實踐與公民意識」內涵包括三項：

C1 道德實踐與公民道德
具備道德實踐的素養，從個人小我到社會公民，循序漸進，養成社會責任感及公民意識，主動關注公共議題並積極參與社會活動，關懷自然生態與人類永續發展，而展現知善、樂善與行善的品德。

C2 人際關係與團隊合作

具備友善的人際情懷及與他人建立良好的互動關係，並發展
與人溝通協調、包容異己、社會參與及服務等團隊合作的素
養。

C3 多元文化與國際理解

具備自我文化認同的信念，並尊重與欣賞多元文化，積極關
心全球議題及國際情勢，且能順應時代脈動與社會需要，發
展國際理解、多元文化價值觀與世界和平的胸懷。（教育
部，2014，p.3）

　　從上面敘述來看，《十二年國民基本教育課程綱要總綱》中所列的
道德實踐與群體的關係相當密切，課綱所列的道德實踐素養相當強調個
人在群體中的角色、責任、合作、認同，這也符合課綱基本理念的「共
好」，也就是勿獨善其身。此外，課綱也著重不同文化的差異，指出須
尊重與欣賞文化多元與價值多元，因此有必要發展國際理解。吾人認
為，課綱將道德定位於公民層次，具有時代意義與全球視野。

　　但是，需要再進一步澄清的是，《十二年國民基本教育課程綱要
總綱》所定位的道德亦可理解為將個人安置於群體框架之下的道德，雖
然，道德準則大多源自於社會習俗與文化養成，因此符合社會多數觀
點，但是，問題在於，社會大眾觀點可能在某些情況下，反而變成壓迫
與殘害的結構，例如中國古代婦女的包小腳習俗與貞節牌坊習俗，雖然
是讚揚婦德的社會文化實踐，但事實上，也是父權社會與父權文化壓迫
女性人身安全與自由的制度；又如德國納粹對尤太人的壓迫與屠殺，納
粹黨曾贏得 1932 年德國選舉，希特勒因而出任德國總理，1934 年 8 月
9 日德國透過全民公投確認希特勒擔任總統與總理合併的元首，這些透
過廣大民意展現的公眾意志，卻導致納粹獨裁政權與後來的種種暴行，
因此，公共意志可能是社會道德的基礎，也可能與良心道德相悖，在教
育上，根本的問題仍舊是如何做獨立的明辨是非的判斷。

二、明辨是非的獨立道德判斷基準：康德的啟示

明辨是非、不從眾的獨立判斷是一種能依照良心、良知而獨立行使理性的功能，十八世紀的德國哲學家康德提供了非常好的論點，他認為道德是基於先天理性能力，道德是基於純粹義務，而不受到外在利益所影響，只要是理性人，就能夠為自我訂定道德原則，康德認為道德原則的建立一定符合三個基本形式，他稱為「定言令式」（categorical imperative），分別是：

1. 普遍原則：任何理性存有者只照著設準（maxim）行事，而此設準是理性存有者同時願意它成為普遍法則。只依照理性存有者的行動設準行事，如同它因為你的意志而成為普遍自然律。（Kant, 1997, p. 31）
2. 目的原則：理性存有者的行動必須永遠同時把人視為目的，而不只是工具，不論是對你自己或對其他任何人。（Kant, 1997, p. 31）
3. 自律原則：理性存有者的意志就是制定普遍法則的意志，而所有來自理性自律立法的設準都可以在可能的目的領域中相互和諧一致，如同在自然領域中一樣。（Kant, 1997, p. 38, pp. 43-44）

這三條定言令式簡言之就是：
1. 我的道德行為是依據我的理性所定的普遍原則。
2. 我的道德行動對待他人的原則就是，絕對不能把人當作工具或手段，人永遠要被作為目的。
3. 我是基於我身為理性存有者而能夠為自己制定理性自律的原則。
　　上述康德的道德論點提供非常寶貴的參考點，思考上述三個例子所呈現的惡行，受迫於權威以及團體壓力就是非理性，確實是違反道德的，再者，依法行政不能作為壓迫或屠殺人類生命的理由，因為那完全是把人當作工具，而不是將人視為目的。

肆　結論

綜合上述的實例與對於「惡」的探討，關於倫理素養與道德教育，本文提出四點結論：

一、道德教育之目的在於培養具有獨立判斷力的主體；

二、獨立判斷力為明辨是非，足以正確抗拒權威與群體壓力；

三、獨立道德判斷的判準之一在於尊重人，將人視為目的，而非被利用的手段或工具。

四、建構人性化的體制與環境，減少環境與體制中不人性、權威、壓迫、非理性的因素。

參考文獻

一、中文部分

教育部（2014）。十二年國民基本教育課程綱要。教育部，取自https://www.naer.edu.tw/ezfiles/0/1000/attach/87/pta_18543_581357_62438.pdf

簡成熙（2004）。「缺德」的道德教育如何實施？。**教育研究月刊，121**，頁94-104。

雷敦龢（2013）。導讀。Hannah Arendt（著）。平凡的邪惡：艾希曼耶路撒冷大審紀實（頁3-6）。臺北：玉山社。

Arendt, A.（2013）。施奕如（譯）。平凡的邪惡：艾希曼耶路撒冷大審紀實。臺北：玉山社。

二、英文部分

Haney, C. Banks, C. & Zimbardo, P. (1973). Interpersonal dynamics in a simulated prison. *International Journal of Criminology and Penology, 1*, 69-97.

Haney, C. & Zimbardo, P. (1998). The past and future of U. S. prison policy: Twenty-five years after the Stanford Prison Experiment. *American Psychologist, 53*(7), 709-727.

Kant, I. (1997). *Groundwork of the metaphysics of morals*, translated by M. Gregor, Cambridge: Cambridge University Press.

Milgram, S. (1973). The perils of obedience. *Harper's, 247*, 62-77.

Milgram, S. (1974). *Obedience to authority: An experimental view*. New York: Harper & Row.

Milgram Experiment (2020). *Wikipedia.* Retrieved July 21, 2020 from https://en.wikipedia.org/wiki/Milgram_experiment

Stanford Prison Experiment (2020). *Wikipedia.* Retrieved 22 July, 2020 from https://en.wikipedia.org/wiki/Stanford_prison_experiment

Stangneth, B.（2011）。周全（譯）。耶路撒冷之前的艾希曼平庸面具下的大屠殺劊子手。北京日報出版社。

問題與討論

1. 如果你的好朋友小康和小辰很討厭班上的小明，因為他總是不交作業，身上又總是髒兮兮，大家都很嫌棄他，小康和小辰商量給小明的椅子塗膠水，「開個玩笑而已」，你會怎麼反應？怎麼做呢？

2. 霸凌也是一種惡嗎？霸凌的原因與上述有關嗎？如何進行反霸凌的教育呢？一個普通人在什麼狀況下成為霸凌者？

3. 如果你是文中心理學實驗的參與者，你可能如何反應？生活中有什麼樣的事例類似或可比喻為文中所說的米格爾倫實驗或史丹福監獄實驗呢？那麼，人們如何避免呢？

4. 面對邪惡，教育應當主張「以牙還牙、以眼還眼」或「以德報怨」？

建議延伸閱讀教材

倫理學相關著作。

史丹福大學圖書館特展與檔案室：The Stanford Prison Experiment: 40 Years Later: https://library.stanford.edu/spc/exhibitspublications/past-exhibits/ stanford-prison-experiment-40-years-later

第 **2** 章

提升大學生的家人關係
「家庭發展」課程教學實踐之研究

吳瓊洳
國立嘉義大學輔導與諮商學系教授

摘　要

　　大一學生正處於青少年後期與成年初期的過渡交接階段，他們雖然身體已經離開家庭，卻因經濟尚未完全獨立，未能完全脫離家庭的範疇，「家庭」在他們的心中仍占有舉足輕重的影響地位，因此大一學生與家庭成員間的互動過程，也影響著他們的身心發展及自我認知的形成。部分選擇就讀輔導與諮商學系的大一學生，他們是希望透過這個科系來進行自我探索與療癒，這些學生有部分的傷痛與生活適應不佳，其實是來自於他們自己與原生長家庭的不當的關係與依附。面對培育這些未來的助人工作者，筆者不禁思索著，如果這些學生都無法好好去認識、理解並處理自己的家人關係？未來又怎麼能期望有一個積極、正向且樂觀的助人工作者呢？

　　本章具體之研究目的包含？(1) 協助大學生自我檢視與省思與其家人的關係；(2) 協助大學生認識家庭的相關議題和內涵；(3) 提昇大學生具備正向與積極主動之家人互動關係。為達研究目的，筆者在一學期的家庭發展教學實踐過程中，採用多元的教學方法（包括講授、分組討論、資料閱讀、省思與分享、影片觀賞、口頭報告等方式）來進行，主要內容包括家庭發展的理念與內涵、家庭發展議題（多元家庭、性別、工作、高齡、科技……）、家人關係（父母、手足、祖父母）等。除了以多元的教學方式進行教學之外，本研究亦採問卷調查、學習單、訪談法等多種方法進行資料蒐集與分析。

　　參與本計畫之學生在課程結束後，對家庭發展的內涵與理念與相關議題的了解程度有顯著的提升。另外，其對於自我家人關係能夠更加了解，其家人互動關係也愈積極正向。

　　2020 年 1 月 10 日星期五上午，就在學期結束的第一天，學校學生陸陸續續打包行李準備返家放寒假，並參與總統、副總統選舉投票，老師也正忙著打學生作業成績以及爲上學期的各項研究計畫成果加以彙整時，本系一位優秀傑出的碩二公費生，「砰」一聲，從系館頂樓跳下自殺身亡，他留下遺書，除了關心他的老師、朋友外，就是給家人。從同事口中得知，除了長期困擾他的憂鬱症問題外，他的死來自於家人關係……她的死爲系上的師生帶來無比的震驚、不解與錯愕，這麼一個優秀的公費生，不久的將來有著美好的生涯……，我一直不解，從大學就讀本校輔導與諮商學系開始四年，到研究所的兩年，輔導與諮商的專業終究還是解救不了她，來自原生長家庭的不當依附究竟在她內心造成多麼深的傷痛？

　　該生的死帶給我無比的傷痛，也再一次的促使我去思考，面對培育這些未來的助人工作者，如果連他們都無法好好去認識、理解並處理自己的家人關係？未來又怎麼能期望有一個積極、正向且樂觀的助人工作者呢？

　　筆者期望未來自己的教學能更關注在學生需求上，除了能持續帶給他們情意態度上的改變之外，也期望國內各培育助人工作學系，其課程規劃不僅能開設技巧策略或理論等相關專業課程，更應關注此種情意教學課程，畢竟無論是教育或輔導，都是一門以生命影響生命的畢生志業。

壹　導論

研究動機與目的

　　「家庭」這個初級單位對大學生的身心發展與態度行為的影響是不可輕忽的。然而，彭懷真（2015）指出，在大學裡，每個學生畢業前都修了

一百多個學分，大多數都是專業學分，多是為了幫助自己以後找到理想的工作，但是有幾個學分是為了幫助自己更了解自己的家庭呢？有多少課程內容是可以用來經營更好的家人關係呢？一旦進入大學之門，代表身體上正式離開原生長家庭，這段時期正是觀察家庭與家人關係最好的時刻。劉瓊瑛（2018）指出，以人群服務為使命的教育專業人員更深知這種原生長家庭對個體影響的複雜性，因此當個體產生心理或行為上的適應困擾時，其解決之途徑就是須從了解個體自己與生長家庭之連結，並且改變其與整個家庭關係開始著手。

筆者所服務的單位為輔導與諮商學系，系上的學生未來畢業之後所從事的工作，包括中小學老師、諮商心理師，以及家庭教育專業推廣人員，這些都是專業的助人工作者，既然是助人，對方一定都是生活在他自己的家庭關係裡。筆者身為輔導與諮商學系的教師，具有多年開授家庭相關教育課程的經驗，在經驗中發現，大學生正處於青少年後期與成年初期的過渡交接階段，他們雖然身體已經離開家庭，卻因經濟尚未完全獨立，未能完全脫離家庭的範疇，「家庭」在他們的心中仍占有舉足輕重的影響地位，因此大學生與家庭成員間的互動過程，也影響著他們的身心發展及自我認知的形成，繼而內化成情感傳遞及行為模式的憑藉。筆者曾擔任過大一學生導師，在與大一學生互動的過程中，發現部分選擇就讀輔導與諮商學系的大學生，事實上他們是希望透過這個科系來進行自我探索與自我療癒的，這些學生有部分的傷痛與生活適應不佳，其實是來自於他們自己與原生長家庭的不當的關係與依附。是以，筆者深信透過大一上學期「家庭發展」課程的教學引導與實踐，可有效提升大學生在助人工作方面的實務應用能力，有助於其日後扮演更專業的助人工作者角色。具體言之，本文之研究目的如下：

（一）協助大學生自我檢視與省思與其家人的關係；

（二）協助大學生認識家庭的相關議題和內涵；

（三）提升大學生具備正向與積極主動之家人互動關係。

（貳）文獻探討

一、家庭教育的重要性與內涵

　　每一個人從出生以後，就在家庭內，從出生到死亡，在他的生命歷程（life course）中都有其家庭的角色與家人的關係發展任務，因此都需要家庭教育。換言之，家庭教育是家庭成員中不分老少、性別，每個人都應該接受的教育，也是一種終身教育。《家庭教育法》第一條即明確指出，家庭教育的目的在增進國民家庭生活知能、家人關係，健全家庭功能。因此，家庭教育所從事的活動屬於預防性的工作。此外，《家庭教育法》第二條指出，家庭教育係指具有增進家人關係與家庭功能之各種教育活動。《家庭教育法施行細則》也指出，家庭教育其範圍包括親職教育、子職教育、性別教育、婚姻教育、失親教育、倫理教育、資源管理教育、多元文化教育、情緒教育與人口教育八大項，由此可見家庭教育包含範圍很大，有其重要性。

　　雖然，家庭教育議題從民國 92 年就立法受到重視，然而以教養或親職為關鍵字的相關研究卻遠比子職教育的還多，這顯示出我們在看待家庭問題時，多數研究仍多以父母的角度來探討，而較少從孩子本身來反思子女應盡之行為為何？事實上，對於即將成年的大學生而言，學校教育應清楚地讓子女了解自己在家庭中的責任與義務。筆者期望透過此教學實踐計畫之執行與課程實踐，反轉過去以父母親為主的親職教育觀點，在「家庭發展」之課堂教學中，引領大學生探討家庭及教育之重要性，並透過介紹家庭教育的相關議題和重要內涵，如性別教育、倫理教育、多元文化教育及家庭資源與管理教育等，引導大學生反思自己身為子女的角色，並確實在家庭中實踐家庭教育，以增加家人互動關係。

二、健康家庭與家庭教育的目標

　　社會的快速變遷的確為家庭帶來許多挑戰和衝擊，面對這些挑

戰，學校教育可以提供必要的協助，強化家庭的功能之外，提升家庭成員來解決家庭面對的困境與危機處理的壓力，才能建立健康家庭的特質。Stinnett 及 DeFrain 提出健康家庭具有以下特質（引自林淑玲，2003）：

　　首先，家人之間的默契與許諾。係指家庭中的成員在情感上能彼此承諾與認同，並願意花許多時間與精力在家庭內，而非家庭外的事務上，家庭成員彼此為達成家庭共同的目標及願景一起努力；其次，家人有共享的家庭時間。家人能重視與享受與家人相聚的時光，一起參與家庭休閒、娛樂與其他相關的家庭活動，以增加彼此間的親密關係及凝聚力；再者，家人之間應互相讚美、欣賞與感激。家人能以溫暖且正向的態度，彼此欣賞與相互讚美，家人能夠相互支持與感激，使家人覺得受到重視；另外，家人之間彼此有良好的溝通模式。家人在平日相處時，能互相溝通、互動，在面臨家庭問題時，彼此也能夠傾聽、同理、無條件積極關懷，以開放的情感表達，並共同合作解決問題；其次，精神上相互慰藉與寄託。家人在心理、精神上或信仰上能夠彼此互相支持，增進家人間共同的信念；最後，家庭面臨危機時，家庭成員能以共享的信念，在有力的家庭支持下，明白大家是要一起面對該事件，對彼此產生信任感，相信可以突破困境，Walsh（2008）認為，面對家庭的壓力或是危機，家庭必須強化家庭的韌力（family resilience），家庭及其成員不因困境而受到傷害，甚至能從困境中恢復到原先的家庭狀況，甚至發展更好的家庭功能。

　　總之，健康家庭必須有健康的家庭互動系統，在健康的家庭生活中，我們可以看見全家人的凝聚與分享、親子間的關愛與照顧、祖孫間的溫馨與傳承、手足間的關懷與支持。筆者期望透過「家庭發展」之教學實踐，引導每個大學生能夠從為人子女的角度，省思自己與家人關係，進一步了解家庭的相關困境與危機，並嘗試解決家庭問題，並提升其正向與積極主動之家人互動關係，共同為建構健康家庭目標而努力。

三、國內心理輔導與諮商學系開設家庭課程簡介

近年來，國內各大學設立心理與輔導諮商科系者十分普遍，每個系所的發展與設立目標不同，各有其特色與重點。然而，相較於西方社會，華人社會文化中，家庭對個體心理的影響卻占有很大的影響因素。因此，筆者認為各大學之心理輔導與諮商學系，應實際開設有關家庭的相關課程，協助學生探索自己的原生長家庭，從認識、了解自己的家庭，到如何透過家庭協助他人。筆者從網路上蒐集整理國內幾個有關心理輔導與諮商學系，分析其所開設的家庭相關課程如下表 1：

表 1　國內心理輔導與諮商學系開設家庭課程一覽表

學校名稱	系所名稱	是否開設家庭相關課程	課程名稱	學分數
國立政治大學	心理學系	否		
國立清華大學	教育心理與諮商學系	是	愛情、婚姻與家庭	選修3學分
國立臺灣大學	心理學系	否		
國立臺灣師範大學	教育心理與輔導學系	是	婚姻與家庭	選修2學分
			親職教育與親師合作	選修2學分
國立成功大學	心理學系	否		
國立中正大學	心理學系	否		
國立彰化師範大學	輔導與諮商學系	是	家政教育概論	選修2學分
			家庭生活教育概論家庭發展	選修2學分
			多元文化與家庭	選修2學分
			家庭社會工作	選修3學分
			婚姻與家庭	選修3學分
			婚姻與家庭諮商	選修3學分

學校名稱	系所名稱	是否開設家庭相關課程	課程名稱	學分數
國立嘉義大學	輔導與諮商學系	是	家庭發展	選修2學分
			家庭教育	選修2學分
			婚姻教育	選修2學分
			親職教育	選修2學分
			家庭諮商概論	選修2學分
			家庭與社區諮商特殊議題	選修2學分
			家庭教育方案規劃	選修2學分
國立東華大學	諮商與臨床心理學系	是	婚姻與家庭 親師合作與家庭支援	選修3學分
國立臺南大學	諮商與輔導學系	是	原生家庭	選修2學分
			家庭生活教育概論	選修2學分
			親子關係與溝通	選修2學分
			伴侶與家庭諮商	選修3學分
			家庭財務諮商	選修3學分
國立臺北教育大學	心理與諮商學系	是	家族治療	選修2學分
			親職教育	選修2學分
國立臺中教育大學	諮商與應用心理學系	是	性別、婚姻與家庭伴侶與家族諮商	選修3學分
國立臺北市立大學	心理與諮商學系	是	婚姻與家庭	選修2學分
			家庭暴力與性侵害	選修2學分
			家族治療	選修2學分
國立臺北護理健康大學	生死與健康心理諮商系	是	家庭會談與家族治療概論	必修2學分
			家庭失落議題輔導	選修2學分
輔仁大學	臨床心理學系	是	原生家庭探索	選修2學分
			家族治療	選修2學分
	心理學系	否		
東吳大學	心理學系	是	家庭心理學	選修3學分
中原大學	心理學系	是	家族治療原理	選修2學分

學校名稱	系所名稱	是否開設家庭相關課程	課程名稱	學分數
中國文化大學	心理輔導學系	否		
銘傳大學	諮商與工商心理學系	是	家庭發展與諮商專題	選3
			家庭生活教育概論	選2
高雄醫學大學	心理學系	否		
慈濟學校財團法人慈濟大學	人類發展與心理學系	是	婚姻與家庭諮商	選2
中山醫學大學	心理學系	否		
長榮大學	健康心理學系	是	婚姻與家庭	選2
玄奘大學	應用心理學系	是	家族治療	選2
亞洲大學	心理學系	否		
佛光大學	心理學系	否		

　　由上表 1 可知，心理學系除了少數幾個科系外，在課程規劃表中，大多沒有開設家庭相關課程，然而若是屬於輔導與諮商等相關科系中，就會規劃開設婚姻或家庭、家族等課程，提供大學生修讀。不過，這些有關家庭的課程其實都只是選修課，學生不一定會修讀，而且往往這些課程通常也只是放置在選修科目冊中，實際上會不會開課，還得實際了解才能得知。

參　教學方法與設計

一、教學對象

　　本研究以本校輔導與諮商學系 57 位大一學生為對象進行教學實踐，資料編碼分別以 S1-S57 代碼。在學生的背景方面，本系大一新生之家庭型態十分多元，無論是傳統的家庭，或是單親家庭、跨國婚姻家庭、雙薪家庭、獨生子女家庭、繼親家庭、寄養家庭、隔代教養家庭或

是遠距家庭等各種各式各樣的多元家庭也都存在。在生涯發展方面，班上多數學生未來都將從事助人工作的角色，例如中小學教師及專任輔導教師，或高中職生涯規劃師、於家庭各相關領域推廣家庭教育服務，或者進一步成為諮商心理師。

二、教材內容與實踐

本研究係以筆者在輔導與諮商學系所開授的「家庭發展」課程來進行。在為期 18 週的課程中，筆者以多元的教學方法進行，除了理論講授之外，課堂中並善用各類型主題的桌遊、牌卡等媒材、分組討論、省思與分享、影片觀賞、口頭報告等方式來進行，其主要內容包括家庭發展的理念與內涵、家庭發展議題（多元家庭、性別、工作、高齡、科技……）、家人關係（父母、手足、祖父母）等。茲將筆者課堂上所使用的教材資源彙整如下表 2：

表 2　課堂上所使用的教材資源一覽表

家庭教育主題	使用資源名稱	內容簡介	課程目標
多元家庭	微電影：你在那，好嗎？	此微電影從外派員工家庭的角度，來詮釋家庭、家人之間對未來的期望、彼此情緒的矛盾衝突，以及相互之間愛的故事。	引導學生透過《你在那，好嗎？》影片之片段，進一步認識與了解多元文化，並且提升學生對於多元家庭的尊重與包容態度。
親職教育	影片：你的孩子不是你孩子：茉莉的最後一天	此微電影描述就讀北一女中的高材生茉莉在長期壓抑下自殺，她的母親為了探尋死因，以尖端科技讀取女兒記憶的故事。	引導學生透過《你的孩子不是你的孩子：茉莉的最後一天》影片之片段，分組討論華人社會中為人父母的教養觀，及對子女的教育期待。
手足關係	牌卡：紅花卡	紅花卡是一套用影像對應出人的一生可能經歷的各種主題的牌卡，其中的內涵包括：角色、生活面相、關係、生命階段、困境、價值與渴望等。	透過紅花卡圖像式的引導，引導學生分享自己的手足關係或作為獨生子女的感受。

家庭教育主題	使用資源名稱	內容簡介	課程目標
祖孫關係	繪本：爺爺一定有辦法	此繪本從猶太爺爺透過不斷協助繪本中主角將心愛的毯子不斷地改造再改造，教導孩子惜物愛物，為舊物找出新價值，也就此體現長者的智慧，以及其中的祖孫情誼。	藉由繪本講授與學習單書寫，協助學生反思自己家中長者的智慧，並觀察家中長者的老化現象，試著從孫輩角度協助、體恤他們。
家庭收縮	繪本：艾瑪奶奶	此繪本描述的是一位名叫「艾瑪」的慈祥老奶奶，在生命中的最後一年，依照她自己的方式活到最後一刻。艾瑪奶奶雖然患了癌症，但她依然面帶笑容，快樂的過著每一天。	透過繪本導讀與討論，引導學生思考如何因應與面對家人死亡的生命經驗。
親職教育	牌卡：親職卡	親職卡主要用來理解與澄清親職價值、探索原生家庭經驗和親職角色的關聯以及增進家人之間的對話與了解。	透過親職卡的帶領與討論，促進學生思考自己的原生長家庭中父母，以及未來自己擔任親職後的教育態度。
婚前教育	牌卡：愛情卡	愛情卡主要用來澄清個人在愛情關係裡，最重視的需求是什麼。並藉此思考在親密關係中所欲增加與調整的元素，更有提升自己愛人的能力。	透過愛情卡的活動帶領與分享，讓學生思考並探索自己擇偶或選擇伴侶的特質、態度、個性與現實條件。
子職教育	牌卡：愛的語言	愛的語言此牌卡的主要功能是藉由五種愛的語言之情境與元素來協助強化家庭的情感功能，並且促進學習情感表達的多元方式。	藉由五種愛的語言牌卡：肯定的言詞、精心時刻、服務的行動、精心的禮物、身體的接觸，引導學生在日常生活中對父母親愛的表達。
理財教育	牌卡：金錢卡	金錢卡結合了心理諮詢、教練系統，與遊戲化的概念，讓我們一步步釐清自己的金錢習慣、了解金錢屬性、訓練金錢思維，並且看見自己的金錢價值觀、習慣與問題，進一步找到解決的方案。	透過金錢卡的探索活動，促使學生檢視自己的金錢價值觀，包含六大類：彈性生活V.S管理生活；享受資產V.S保護資產；價值偏好V.S愛心偏好。

三、評量工具

在評量方式上，筆者以多元化的評量方式進行，由於家庭教育較偏向於情意教育範疇，因此，除了家人關係量表的使用外，筆者也分別透過訪談學生、學習單書寫的方式進行，以了解其課程之學習和實踐情形。

肆　結論

本研究以筆者在 108 學年度第一學期輔導與諮商系大一所開授的「家庭發展」課程進行教學實踐，旨在協助大學生認識家庭相關議題和內涵，並且協助大學生省思其家人的關係，進而提升大學生具備正向與積極主動之家人互動關係。為達研究目的，本研究在一學期的家庭發展教學實踐過程中，採用多元的教學方法（包括講授、分組討論、資料閱讀、省思與分享、影片觀賞、口頭報告等方式）來進行教學之外，本研究亦採問卷調查、學習單、訪談法等多種方法進行資料蒐集與分析。茲將研究結果分述如下：

一、課程有助於大一學生對家庭相關議題的認識與了解

「家庭發展」為一門兩學分的課，為期 18 週的課程主要內容包括家庭發展的理念與內涵、家庭發展議題（多元家庭、性別、工作、高齡、科技……）、家人關係（父母、手足、祖父母）等。相較於前幾週教師講授的家庭課程理論，多數學生普遍喜歡實作（影片或繪本欣賞、分組討論、牌卡運用與分享、家人訪談、實際規劃……）的課程，整體而言，參與本計畫之學生在課程結束之後的意見和分享回饋中，對於家庭相關的內涵與理念的了解程度，有顯著的提升。

其中，祖孫關係部分，許多學生認為，無論祖父母是否還在世，也無論是否有跟祖父母同住，這個單元讓他們回憶起幼年和祖父母相處的

美好經驗，讓他們印象深刻。另外，在死亡議題這個部分，老師透過兩部死亡教育紀錄片，以及艾瑪奶奶繪本，跟學生分享家人死亡的生命經驗，頗能引起學生共鳴。

在上到家庭功能這個單元時，從學生的學習單中可以發現班上有近一半的學生自評家庭中的休閒娛樂功能尚待加強。因此，在休閒與家庭這個主題方面，透過學習單設計的分享，讓大學生嘗試考量自己的家庭型態與家人興趣和需求，規劃半天至一天的休閒旅遊行程，學生感受到休閒對家庭的重要性，也覺得很有趣，覺得這個主題似乎是他們可以為家人所做的事。

在手足關係這個部分，課堂上我善用牌卡進行教學，讓學生選擇一張能代表其手足關係的紅花卡，學生第一次接觸紅花卡，覺得很獨特、新鮮，在分享中多能對於自己的手足關係或獨生子女的心情暢所欲言。

在為人父母這個單元的實施中，班上學生自評父母的教養方式，有超過一半的學生認為父母是採權威開明的方式，但也有 10 個學生認為父母親的權威專制，讓他們很難忍受。因此，在這個單元中，老師除了講授華人社會中親職教育的相關理論與觀點外，亦透過課堂上播放《你的孩子不是你的孩子：茉莉的最後一天》影片之片段，再讓學生分組討論華人社會中為人父母的教養觀，及對子女的教育期待，不少學生觀看之後覺得跟自己的成長過程很像，不了解劇中以及自己的父母。

另外，在家事分工與家庭決策這個主題的教學部分，老師要學生透過檢視自己家中的家事分工與決策，了解家庭權力運作情形，在性別平權教育的推動與實施下，家庭中的性別已較趨平權。然而，多數學生仍然反應母親承擔了較多的家事責任。

由上可知，有關家庭的主題十分廣泛多元，從八個家庭生命週期開始，包括新婚階段、養育嬰幼子女階段、養育學齡前子女階段、養育學齡子女階段、家有青少年階段、子女將離家階段、中年父母階段、老年家庭階段（Goldenberg & Goldenberg, 2012），上述八個階段，各階段都有其發展的任務與探討的議題。透過此教學實踐，確實能引導大一學生對家庭相關議題進行有系統地整體的認識與了解。

二、課程有助於大學生之家人互動關係省思與改善

㈠量化成效部分：課程實施的正向效益

　　本研究在課程實施之前，先進行家人關係問卷量表之前測，並在一學期課程結束之後進行後測，以了解其課程實施的成效。

　　本研究使用相依樣本 t 考驗的主要目的在於，檢視參與該課程的大學生在家人關係之自陳量表前測分數是否與後測分數有顯著差異，藉以協助筆者評估受試者在經歷本課程之後，其家人關係是否有所改變。各層面量表之前後測差異考驗摘要表如下表 3：

表 3　量表前後測差異考驗摘要表

		平均數	標準差	t 值
「家人關係」量表	前測	122.44	19.64	-.352
	後測	123.17	15.57	
「家人互動關係」量表	前測	90.81	25.53	-2.364 *
	後測	95.48	25.52	
「父母關係」量表	前測	25.86	6.72	-.764
	後測	26.16	7.12	
「親子關係」量表	前測	20.47	6.09	-2.174 *
	後測	21.74	5.38	
「手足關係」量表	前測	29.1	7.65	-1.6
	後測	30.31	7.22	
「祖孫關係」量表	前測	21.78	8.13	-1.704
	後測	23.26	8.38	

*$p < .05$

　　從上表 3 可知，本研究所參與的大一輔導與諮商學系學生，在上過一個學期的「家庭發展」這門課後，在與家人互動關係以及親子關係均有顯著提升（達 .05 差異水準）。然而，在其他家人關係，如祖孫、手足、父母的婚姻關係等方面，並沒有差異。

㈡質性成效部分：課程實施的正向效益

本課程的實施，除了由老師講授家庭各項議題與內涵之外，老師在每個單元也設計了學習單，讓學生省思與家人關係，有些議題則必須透過訪問家人，例如父母的婚姻關係、對子女未來的婚姻與家庭期待、祖父母的生命故事、家庭休閒活動規劃與執行、與家人合照⋯⋯才能完成學習單書寫與分享。藉由這樣的課程實施與教學，大學生普遍認為對自己的家庭有了更深的認識與理解，並且認為這樣的課程實施增加了和家人的互動，進而改善了與家人互動的關係。

S 13 我記得有一個是祖孫的學習單，然後我去問阿嬤，就是她的人生故事。這一次，阿嬤就講得很開心，阿公就在旁邊邊聽邊笑。以前，就是也會聊天，可是不會聊到這麼多。

S 1 有增加對家人的了解和關係，雖然一開始訪問的時候，家人會很害羞，說學校老師問這個做什麼？但能夠看得出他們很開心能夠分享自己的生活經驗，對一些問題也比較敢說。

S 4 在撰寫學習單過程中，我會不斷去反思自己是否對家人少了體貼？並思考和小我九歲妹妹的關係，以及思考如何協助妹妹與父母溝通。

S 6 可以藉此回顧自己的家庭，學習單中不少是邀請家人參與的活動，我會找家人合照，訪問家人，和家人相處真的很溫馨。

S 27 因為自己本來就很了解自己的家庭，不過透過課程與活動設計，我透過 Line 訪問父母親，增加了很多和他們聊天的機會。

　　由上可知，許多大一學生原本沒有和家人溝通聊天的習慣，透過教師課程的實施，有個話題跟家人互動，反而不會不自在，也拉近了與家人感情，家人關係變得更好了。此外，也透過對家人訪問，為人子女的大學生因為多了解一些事，更可以同理、體諒家人的角色，願意承諾為這個家庭多盡一份心力。當然，藉由各組同學彼此的分享，學生也才知道原來多元家庭在這個社會存在的事實，促使學生更珍惜自己的家庭，也更擴展了他們的文化多元觀點。

㊂ 課程實施／教學的困境與因應

　　雖然，有關家庭教育的實踐有其重要性，但是從另一個觀點看來，部分學生也認為，家人關係的改善絕對不是一蹴可幾的。部分參與課程的大學生認為，即便是自己很想改變，但是家人根深柢固的觀念和錯誤的溝通觀念，讓家人關係始終無法改變。雖然如此，這些參與課程的學生仍然肯定這門課程實施的成效，不僅提醒自己原生長家庭在哪些部分的不足，或發生的問題和困境，在積極面也看到了自己家庭的優勢，以及當面對問題時，自己不再是冷眼旁觀，而是學到可以有效解決的方法和相關資源。

　　因此，本課程的實施除了讓大學生省思自己的家人關係外，更期盼能提供學生許多因應家庭困境的相關策略，這些策略包含個人資源、家庭支援，以及社會支援。透過資源的盤點與分析，讓大學生可以明白，家庭教育的確是終身教育，也是家庭中每個人必須具備的教育。當家庭遇到困境時，家人之間不僅應正向思考，家人之間更應該好好溝通與互動，才能解決問題。此外，透過親戚朋友以及社區資源的協助，更可以有效解決家庭困境，發展家庭韌力。

三、「家庭發展」課程的發展與調整

　　筆者以在輔導與諮商學系所開授的「家庭發展」課程為基礎實際執行，在執行過程中，持續進行檢視與省思，進行動態調整，最後評估課程實施成效。由學生的回饋單可知，整體而言，本課程內涵的設計與教

學實踐方法與策略是適切且可行的。

　　課程若要吸引學生的注意與興趣，教師必須要有充分的備課，課程發展必須採取由淺而深的螺旋式課程發展，除理論概念教學之外，必須考量與連結學生家庭生活經驗，透過多元的教學策略與媒材，以實作、分組討論分享方式，讓學生能夠真正轉化課堂知識並在家庭中真正有所體悟與實踐。

　　然而，在課程發展與實施的過程中，透過筆者對學生上課的觀察、對學生期中學習單的檢閱，以及教師的自我省思，筆者發現「家庭發展」課程的實踐有許多需要調整之處：

㈠家人關係有那麼容易改善？—— 家庭的改變是自己還是父母的責任？

　　這種必須在團體中自我揭露原生長家庭的分享活動，的確會給許多來自非典型家庭的學生帶來不少壓力，當他們聽到別人的家庭似乎很幸福、美滿時，不禁會開始疑惑，自己怎麼出身在這種家庭？自己是否不正常？雖然，本課程的實施期望能引發大學生省思家庭帶來的影響，進而促進改善家人關係，然而很現實的是，家人關係的改善絕非一人改變就可竟其功，即便是為人子女試圖努力，無奈家人或父母的觀念或抗拒，終會給這些大學生帶來深深的無力感。身為課程設計者與教學者的我而言，往往都要在教學與輔導中努力地畫出一條適當的界線，畢竟教學是針對全班學生而言，針對少數需要關懷的學生，我僅能在教學之餘跟他們多聊聊，甚至提供他們可以使用的相關資源與求救方式。

㈡家家有本難念的經 —— 來自非典型家庭學生對家庭的揭露與隱私考量？

　　面對班上學生如此多元家庭的型態，教師除了自己需具備多元文化素養，透過課程實施引導學生思考家庭本有不同的樣貌，而不同樣貌的家庭乃是受到諸多因素的影響，並非為人子女單一因素所造成，切勿因此自責與自卑。在課程的實施過程中，教師的教學或許可以更加彈性與開放，充分尊重學生有不發表、不自我揭露的權利。例如：當某生告

訴我，他高中就搬出家庭，幾乎沒有跟爸媽聯絡時，我就允許他可以不去訪問父母的婚姻關係，及其對他的婚姻期待。當然，教師也應更積極給這些學生帶來希望感，讓這些即將成年的學生面對無法改變的家庭現況，未來仍保有建構正向健康家庭的承諾與願景，這個部分期望在未來家庭教育進階課程發展實施時可以更為強化。此外，教師也應藉此培養學生對社會不同的家庭型態具備同理與理解的態度，對這些未來從事助人工作者的學生而言更加重要。

伍 省思與建議

一、「家庭發展」相關課程的開設與實施對輔導與諮商相關學系是必要的

　　本研究發現，大一學生在參與「家庭發展」此一課程，不僅對於家庭相關的內涵與理念的了解程度，有顯著的提升。此外，藉由這樣的課程實施與教學，大學生普遍認為課程的實踐和應用增加了和家人的互動，進而改善了與家人互動的關係。

　　「家庭」這個初級單位對大學生的身心發展與態度行為的影響是不可輕忽的。尤其，對於以人群服務為使命的教育專業人員更深知這種原生長家庭對個體影響的複雜性，因此當個體產生心理或行為上的適應困擾時，其解決之途徑就是須從了解個體自己與生長家庭之連結，並且改變其與整個家庭關係開始著手。然而，在培育專業的助人工作者之大學相關輔導與諮商科系之課程地圖與架構中，大多數的專業課程多是有關心理學或諮商輔導相關理論的課程，甚少開設這種幫助自己更了解自己的家庭或經營更好的家人關係的科目。

　　事實上，對正式離開原生長家庭的大一新鮮人而言，這段時期正是觀察家庭與家人關係最好的時刻。「家庭發展」課程的開設，正可以幫助大一學生在剛離家的這個階段，好好檢視與省思自己的家庭與家人關

係，除了協助大學生自我探索，幫助自己有更好的發展與成長之外，也期盼這些大學生在未來成為專業之助人工作者時，具備家庭發展相關概念，以及協助個體多認識自己的家庭與家人關係，進而有效提升大學生在助人工作方面的實務應用能力，確實有助於其日後扮演更專業的助人工作者角色。

二、提升大學教師課程設計與運用多元教學技巧的能力，才能有效提升課程實施成效

本研究發現，「家庭發展」課程的實施，除了由老師講授家庭各項議題與內涵之外，老師在每個單元也設計了學習單，讓學生省思與家人關係，有些議題則必須透過訪問家人才能完成學習單書寫與分享。許多學生因此而拉近了與家人感情，家人關係變得更好了。此外，也透過對家人訪問，為人子女的大學生因為多了解一些事，更可以同理、體諒家人的角色，願意承諾為這個家庭多盡一份心力。當然，藉由各組同學彼此的分享，學生也才知道原來多元家庭在這個社會存在的事實，促使學生更珍惜自己的家庭，也更擴展了他們的文化多元觀點。

本研究認為，課程若要吸引學生的注意與興趣，教師必須要有充分的備課，課程發展必須採取由淺而深的螺旋式課程發展，除理論概念教學之外，必須考量與連結學生家庭生活經驗，透過多元的教學策略與媒材，以實作、分組討論分享方式，讓學生能夠真正轉化課堂知識並在家庭中真正有所體悟與實踐。總之，大學教師應不僅僅只是一位熟悉所任教之學科內容知識（Subject Matter Knowledge or Content Knowledge，簡稱 CK）的專家，對其學科領域之事實、概念和原理本身及其組織方式之知識的理解，更應該是一位學科教學知識（Pedagogical Content Knowing，簡稱 PCK）的專家，在擔任該科教學時，教師知道如何呈現和有系統地陳述其學科內容知識，透過最有效的教學法使學生易於理解該學科內容，並且教師能了解學生對該學科內容的先前概念、背景與經驗。

三、教師應持續採取行動研究方式並具備多元文化素養，進行課程實施與調整

　　從家庭生態系統看來，家庭議題的探討不只存在微系統中之家人關係的互動與溝通而已，受到外在社會、政治和經濟變遷，以及華人社會文化價值觀大系統的影響，促使當前臺灣家庭的發展變化急遽。本研究所參與的大學生，自然也是處在這樣的時代變遷下，面對班上學生多元的家庭型態，教師本身的多元文化素養是重要的，也更應積極引導學生必須具備多元文化的理解與差異態度，去認識與了解，尊重與包容。

　　在行動研究的過程中，透過教師對學生上課的觀察、對學生學習單的檢閱，以及教師的自我省思，發現「家庭發展」課程的實踐有許多需要調整之處。首先，要注意的是在團體中要學生自我揭露原生長家庭的分享活動，教師應考量與尊重學生的自主性，教師的教學或許可以更加彈性與開放，充分尊重學生有不發表、不自我揭露的權利，或改以其他的方式取代老師的評量與要求；其次，除了在課堂上必須針對全體學生進行一般性的授課外，更應更敏銳地去發現並輔導、關懷少數需要關懷的學生，甚至提供他們可以運用的相關資源與求救方式。當然，教師也應更積極地給這些學生帶來希望感，讓這些即將成年的學生面對無法改變的家庭現況，未來仍保有建構正向健康家庭的承諾與願景，這個部分期望在未來家庭教育進階課程發展實施時可以更為強化。

參考文獻

一、中文部分

全國法規資料庫（2020）。**家庭教育法**。資料檢索日期，109年7月19日。https://law.moj.gov.tw/LawClass/LawAll.aspx?pcode=H0080050。臺北：法務部。

全國法規資料庫（2020）。**家庭教育法施行細則**。資料檢索日
　　期，109年7月19日。https://law.moj.gov.tw/LawClass/LawAll.
　　aspx?pcode=H0080057。臺北：法務部。

林淑玲（2003）。**家庭教育學**。嘉義市：濤石文化。

彭懷真（2015）。**家庭與家人關係**。臺北：洪葉文化出版。

劉瓊瑛（2011）。**家族治療**。臺北：洪葉文化出版。

二、英文部分

Goldenberg, I. & Goldenberg, H. (1996). *Family therapy-An overview*. Pacific
　　Grove, CA: Brooks/Cole.

Walsh, F (2008)。**家族再生：逆境中的家庭韌力與療癒**。臺北：心靈工
　　坊。

問題與討論

1. 「如果無法理解並處理自己的家人關係，未來又怎能期望有一個正向
　　且樂觀的助人工作者？」你認同這樣的觀點嗎？你認為要成為一個能
　　幫助別人解決家庭課題之助人工作者之前，是否真的需要好好處理自
　　己的家人關係？是否真的需要與家人和解呢？

2. 子職教育是家庭教育的範疇之一，這個主題與傳統華人文化中的孝道
　　十分接近。你認為子職教育和孝道兩種概念差異何在？有些同學認為
　　教導孝道觀念是過時的，有些同學則認為倘若父母親能善盡職責、懂
　　得愛子女、教導子女，那麼為人子女自然就會反哺回饋、善盡子女角
　　色與義務，根本不需要刻意教導。真的是這樣嗎？子職教育在大學階
　　段是否真的需要教導呢？

建議延伸閱讀教材

林淑玲等著（2006）。家庭教育學。臺北：濤石。

吳瓊洳、陳雅靜、溫宇翔、曾妙音（2013）。多元家庭教育課程的發展與
　　實踐。臺北：五南。

趙文滔、徐君楓、張綺瑄、徐蕾、謝宜芳、李如玉、呂伯杰（2016）。在
　　關係中，讓愛流動：華人家庭關係的評估與修復。臺北：張老師文
　　化。

第 3 章

素養導向學習的實踐很近或很遠？——以GRR架構為例

陳聖謨

國立嘉義大學教育學系教授

Lernen vergehen, aber die Interessen bleiben（完成學習且興趣一如盎然）

——J. F. Herbart（赫爾巴特）

前　言

　　素養導向學習是新課綱的核心元素。教師應調整傳統單向式的講述教學方法，以培養學生具備核心素養、成為自主獨立的終身學習者，是學校教師教學實踐的要務。事實上，這種素養導向教學取向的呼聲雖不絕於耳，但要在教室現場產生實質的改變往往是：說的比做得容易。就如倡導學習共同體的佐藤學教授，三十多年來走訪日本無數的中小學，實地和學生、老師、校長面對面溝通討論與教師們對談、倡導教學改革的理念與方法之後，也不免感嘆地指出：學校是一種頑固的組織，教學改革並不容易（佐藤學，2012）。課程學者 Pratt（1994）也曾表示：課程的實施猶如一座大暗礁，許多好的課程經常在此沉沒的無影無蹤。而課程改革之所以失敗，往往歸咎於教師對自己知識和技能陳舊過時的抗拒，畢竟教師是課程改革的關鍵角色。而當長年以教導學生為業的教師跌下講壇，成為被否定、被改革的對象時，其反彈心態可想而知，改革成果更顯悲觀。研究教育變革的學者 Fullan（1993）就曾做了一個生動的比喻：「變革好比一次有計畫的旅程，和一群叛變的水手在一艘漏水的船上，駛進了沒有海圖的水域。」因此，在教學改革的初期，應盡力取得關鍵角色教師的接納認同。

　　而要取得現場教師對素養導向教學變革的支持與實踐，我們不需要抽象模糊的口號教條、或者讓教師覺得需要重新學習高超陌生的教學技術，更不能揚棄、否定教師既有的教學行為，畢竟所有的教導與學習行為與模式，都蘊涵著相沿的教學原理。就如一般所熟知的準備活動、發展活動、總結活動三階段、與被譽為教育科學化的始祖赫爾巴特所倡導的預備、提示、比較、系統與方法五段教學法，以及本文所要推介由美國學者 Fisher 和 Frey（2008）基於 Pearson & Gallagher（1983）所提出的責任漸進移轉（gradual release of responsibility）的結構化教學模式，都是立基於建立的教學目標、運用教學方法與實施教學評量的基本原理。邀請教師一起來審視教學行為現狀，肯定其優點與察覺不足之處，從中

進行梳理與調整，匯聚出趨向於素養導向的教學策略或方法。期待教育現場的夥伴們，在了解此一架構的作用與內涵後，能察覺其實只要在既有的教學行為持續精進，開闢學生互動交流的空間與機會，最終能花開見月，趨向新課綱理想的實現。

壹　GRR架構的認識

　　將教學活動設定為：(1) 準備活動（暖身與揭示目標）；(2) 發展活動（解說、提問、練習、回饋）等教導行為；(3) 總結（回顧、評定與預告）等環節，為我們所熟悉的流程。亦即，在課堂教學伊始，教師先說明課堂的學習目標，接著進行講述、解說教學內容，交付學習任務與測試檢核學習表現，最後加以總評和表彰。這種教學策略如同 Pearson & Gallagher（1983）所提出的責任漸進移轉（gradual release of responsibility, GRR）的教學模式。在教學過程中，需要讓學習的責任漸進的由教師挑起，師生一起努力，最後遞移到學生完全扛負；要讓學習在學生身上發生，而不只是看教師在教學而已。在教學過程中，教師愈做愈少，讓學生承擔愈來愈多的學習責任，是一種高效能的教學，有助於培養學生成為自主獨立的學習者（Duke & Pearson, 2002; Graves and Fitzgerald, 2003）。因此，這種漸進是責任移轉模式有利於裝備學生的核心素養知能，符應素養導向的教學策略。

　　但 Fisher 和 Frey（2008）指出：大多數致力實施漸進遞移學習責任教學模式都將這些互動限制在教師與學生之間，卻忽略了一個真正重要的組成部分：學生經由與同儕的交流互動與協作來學習。儘管合作式學習有助於學生群性與學科學習表現（Johnson, Johnson, & Smith, 2007; Slavin, 1996），也適合資賦優異或障礙學生（Patrick, Bangel, & Jeon, 2005；Grenier, Dyson, & Yeaton, 2005），但學習過程中的交流互動不應屬於特定獨立的活動型態，而應鑲嵌於整體教學程序之中。整個教學活動應該透過教師有意圖的進行學習目標、學習指導、協作交流、個別精熟等循環性學習。因此，Fisher 和 Frey（2008）將原本 GRR 所包含的：(1) 老師做（I do）；(2) 師生一起做（we do）；(3) 學生們做（you do）等教學三部曲，修整與補充為：(1) 老師做（I do）；(2) 師生一起做（we do）；(3) 學生們做（you do together）；(4) 學生單獨做（you do alone）四階段學習架構。但教師不見得在每天的每節課開始是從確認學習目的

開始，四階段的漸進循環教學架構仍可依實際學習進程需要保有彈性調整的空間（Grant, Lapp, Fisher, Johnson, & Frey, 2012），漸進式責任移轉架構如下圖所示：

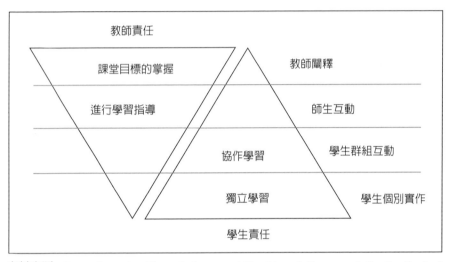

資料來源：Better Learning Through Structured Teaching: A Framework for the Gradual Release of Responsibility, 2nd Edition。

貳　GRR模式的內涵與運用

一、課堂目標的掌握

　　乍看之下，GRR 模式的第一階段：課堂目標的掌握，就如同一般的課堂教學景象一樣，是由教師獨立進行講述解說學習目標與目的，但是留意的是此節課或此單元的學習意義與目的，不應停留在教師身上或純粹的教師口述活動而已。在此階段固然是由教師所主導，但是教師的首要任務是讓學生清楚這節課的學習焦點目標是什麼？

　　課堂目標就像是 GPS 導航系統，要讓學生在一開始就清楚本堂課所要學習的目標，包括學習內容、學習深度以及如何確切地展現所學到

的新學習，否則學生陷入在盲目的飛行之中（Moss, Brookhart, & Long, 2011）。許多學者指出一堂課的目的是學生所應知道的最重要的事情之一（Moss & Brookhart, 2009; Seidle, Rimmele, & Prenzel, 2005; Stiggins, Arter, Chappuis, & Chappuis, 2009），讓學生知曉學習目標，也有助於使學生成為積極進取、自我調節和有目的的學習者（Zimmerman, 2001）。課堂上的學習目標應該是由教師與學生所共同知曉的，不論內容多麼重要，活動如何參與，評估的形成方式如何，指導的差異性如何，除非所有學生從本課開始就看到，認識和理解學習目標，否則學生將專注於做老師說的話，而不是學習（Moss, Brookhart, & Long, 2011）。

　　課堂目標的闡釋不應只是簡單的陳述解釋教學目標，例如在黑板上寫下目標陳述，或者在課程一開始告訴學生他們將學什麼。而是要使目標成為有意義共享的力量。當老師們以有意義的方式一致地分享學習目標時，學生很快就會成為更有能力的決策者，他們知道他們要去哪裡，而且還知道到達那裡需要什麼，並承擔實現目標的責任。筆者幾次前往日本觀摩課堂教學時也發現，教室不論是進行哪一科目教學，教師總會在黑板上板書揭示本節課的學習課題。但在國內的學科觀課時，黑板幾乎看不到任何有關學習目標或任務的板書，頂多是由教師口頭交代或書寫課文標題而已。更多的是，教師習慣以影片觀賞或圖片簡報播放進行，美其名是為引發學生學習動機，實質上，學生們在課堂伊始甚至到結束，很可能只記得教師安排許多活動、下了許多指令，學生儘管乖順配合，從頭到尾未必知悉一節課的學習目標。

　　在介紹課程時，老師應明確分享當天的學習目標，並說明該課程中的每個任務將如何引導學生實現該目標。例如在國小五年級「孔明借箭」的國語科的閱讀課程，可以這樣子介紹：

　　　　今天，我們將在這一課的課文中，了解孔明展現他神機妙
　　算、技高一籌的謀略，知道他如何在殺機四伏的情境下，化
　　險為夷，建立戰功，讓對手都不得不甘拜下風的故事。請記
　　住，在對戰的過程中，所憑藉的很可能不是強大的軍力陣

容，反而是要靠領導者過人的智慧與人性的洞察。等一下
在閱讀時，你會發現孔明為什麼要借箭，又用什麼奇謀來借
箭。完成借箭的任務後，又帶來什麼樣的效益，以及為什麼
我們會形容孔明是一個足智多謀、料事如神的人。接下去，
在小組討論的活動中，請各組根據課文內容，討論並歸納出
孔明身上有哪些過人的特質？又有哪些不凡的才能？在課堂
結束時，在每個人的寫作本中，寫出一段短文：孔明借箭的故
事所帶給我的感想與體會。

當共享的學習目標運作經過一段時間，就能發揮作用，為接下去
的課堂流程、內容解說、檢核理解的形成性評估等活動焦點，產生指引
性的效果，也有助於學生之間轉變為全面的學習夥伴。畢竟學生知道
了他們要去的地方，他們就會更有動力去實現目標（Moss, Brookhart, &
Long, 2011）。

除了引介課堂學習目標外，教師也需要在此階段中，以問題解決的
專家角色，透過後設認知策略，示範、解說如何來思考、探討此一情境
或問題，而讓學生可以親耳親眼看到專家解題者的思維與策略。例如教
師可以示範：

在解析孔明所具有的特質，老師會先這樣想：面對三天要造出
十萬支箭的不可能的任務，他卻達成了，這是反映出他是怎
樣的謀略家，接著，老師會想當別人要他好看，對手甚至要
取他的性命的危機中，他卻不動聲色，到底他內在有什麼樣
的心理素質？還有，老師會想：要運用草船借箭，也不是只會
戰術謀略就好，他是不是要在其他方面有一定的知識學養，
這意味著孔明他是一個怎樣的人？

課堂的起始不只要讓學生掌握課堂目標而已，更包含要使學生建
立本節內容的意義價值。不只是告知、講述，更應解說、實例講解、示

範、提醒並能引發學生思考。例如：說明所學的內容可以在生活中應
用、本節我們會學到確切的概念用詞、這節在進行中可以增進同學的合
作能力等等。要進行講解與示範，教師也可以：

1. 說明學習任務、技能或策略的名稱：「今天我們要學會如何比較異分
   母的真分數大小，讓生活中遇到的分數大小問題不再是問題。」

2. 陳述學習任務、技能或策略的目的：「學會異分母分數大小的比較是
   很重要的，因為……。」

3. 解說策略或技能的應用時機：「當我們遇到……，就需要知道哪個
   大，哪個小。」

4. 使用類比來將舊知識連結到新的學習。「我們知道個別的真分數意
   思，但表象和真相可能不一樣，兩個真分數只看表面的數字，不見
   得知道大小。」

5. 演示學習的任務、技能、策略如何完成。「老師會提供三組不同的
   真分數比較題目，我們來完成如何進行彼此間大小的比較。」

6. 提醒學生容易犯錯的地方。「大家要特別注意，不能只比分母大小
   或只比分子大小。」

7. 評估技巧的使用。「現在老師要出新的題目，看看可不可以正確的
   比較出大小。」

二、學習歷程的指導

　　課堂的教與學是透過師生互動展開，教師單向的資訊傳輸、獨白已
然過時，常引不起學生學習興趣，或者學習的參與和專注度無法持續，
對學生的學習後保留效果很低。即使掌握了方法、程序與原則，做好備
課工作，也只是反映教師方的努力，仍不足以成就高效能的課堂教學。
有智慧、有挑戰性的課堂，也不是教師在學習某種教學法，單方進行學
習活動分組計畫、做好提問設計與學習單就能奏功。通常，「教師如何
教」可以透過備課而安排就緒。但「學生如何學」、「教師如何導」的
備課工作卻往往幽微末明，筆者以往在參與實習教師的教學演示時，往

往發現學生常盡力的把所準備好的教學活動按部就班走完，導致課堂焦點在於教師怎麼提問、提供什麼學習媒材、安排什麼學習活動，相對於課堂中學生的學習表現與學習反應之訊息，並未加以確切偵測與有效跟進。事實上，教學風景貴在學生的學習精彩，而非教師的教法表演而已。

指導性教學是伺機的、靈活的和回應迅速的。這與教孩子騎自行車沒有什麼不同，當她開始擺動時伸出手使她穩定，然後在重新獲得控制後放手。知道何時提供穩定的手以及何時撤回它，確實是教學的藝術和科學。教師為學習者提供了通往他們無法獨立執行或掌握的技能或概念的橋梁。在指導教學階段，老師係專注地透過提問、提示和暗示來鷹架學生的技能或知識發展。對於指導課程，沒有標準的腳本可遵循，因為老師的行為取決於學生的言行，以及可能反映出學生需求的內容。

此一教學指導階段，也是實踐差異化的理想時機。Tomlinson 和 Imbeau（2010）指出：可以將學習內容、學習方法與過程及學習產出加以差異化。在小組教學中可以使教師變化各種教材、使用的提示或發問的層次以及他們期望的產品。

老師不是簡單地告訴學生答案或如何應用學習方法，而是要透過提示來確保學生承擔責任並完成工作。教師講解、說明與引導的教學指導通常有例行的程序。要能了解與滿足不同能力程度的學生學習需求，教師必須確實備課，並為學習材料、過程與產出做好差異化的設定。對學生學習進行指導，有幾個重要的教學行為如下：

1. 問問題

指導學習階段中，檢查理解的提問非常重要，教師要透過問題來發現學生錯誤和誤解的地方。在指導學生學習歷程中，教師可以根據學生對學生的問題之回答內容，知曉學生所知道的和他還不知道或不會的。例如：

教師問：差不多先生是一個怎樣的人？

學生答：他也有一雙眼睛、一雙耳朵、鼻子和嘴，跟一般人差不多。

教師追問：你剛才說的是外貌方面的特點。如果就性格方面來看，差不多先生是怎樣的人？

這是教師提出具體的思考方向，指引學生從這方面補充答案。因此，教師對形成性評量的運用也就相當重要。此外，在進行學習指導時，也可透過學習內容難度的調整、或問題數量增減、學習速率的快慢來進行差異化。如果一個學生讀馬（horse）而不是房子（house），那可能是因為不專心、不熟悉中間子音、詞彙母音的組合等，在迅速提出假設之後，現在必須由老師回應。如果老師只是進行簡單的訂正：「那個詞是房子。請再讀一遍。」就無法檢驗有關錯誤原因的假設。採取提示性的鷹架使教師有機會知悉學生的了解和不了解，而採取行動使學生學習回到正軌。

2. 提示

老師可透過提示，引發學習生進行認知或後設認知思考。提示的關鍵就是：讓學生思考。例如：

當學生試圖解決直角三角形問題時：在這個地方，老師會想到三角形內的總度數合是多少。

在有關水循環的科學單元中：小朋友還記得有關物質三態的概念嗎？

當使用線鋸的學生不小心將木板分成兩部分時：想想木紋的作用。還記得這裡面有什麼規則嗎？

當學生讀錯了一些東西時：這個意思正確嗎？請你再好好想一下。

當學生未能正確回答數學問題時：也許你用畫圖的方式可以幫助你找到算法。

當學生思考打結無法繼續寫作時：作家要解開這種僵局，有很多不同的方法。有些人會寫出任何想出的東西，其他人會建構視覺圖，有的會和他人（讀者）對話，還有其他人休息一會兒，出去走一下。這些方法會幫助你嗎？

3. 指引（cues）

有時一般的提示是不夠的，或者沒有明確的方法來提示學生。在

這些情況下，需要更具體、更直接的指引。這意味著老師要承擔更多的認知責任。給予學生指引旨在指導學生思維的進行。實施一段時間之後，學生開始將這種類型的思維納入他們的習慣。教師可能說：這很重要……。或者：這是棘手的部分。請小心並確定……。教師也可以用疑問語調重複學生的陳述或更改語音音量或速度以進行強調。

4. 直接說明

在指導式學習中，學生會得到老師不同程度的支持。有時提示和指引不足以解決學生的錯誤和誤解。老師可以往更淺顯的目標努力：讓學生體驗一些成功。當困惑持續存在時，老師需要提供直接的解釋。然後提出問題或提出小挑戰，以監控學生的理解：

「您現在可以向您的夥伴解釋這個想法嗎？」
「你能用你自己的話，說說看嗎？」
「既然您知道＿＿＿＿＿，我要再次問你一開始的問題。」
「如何在筆記本中寫一個簡短的摘要，以便您記住？」

三、協作學習（collaborate learning）

協作式學習環境可幫助學生思考關鍵概念，這是自然的探究機會，並促進學生對內容的掌握。因此，協作學習活動對 GGR 教學模式所關注的責任移轉至關重要（Fisher & Frey, 2013）。在這個階段是透過同儕的交流而學習。教師需要安排學生群組可以思考、討論、演練與解決問題的實作活動，而能將學習責任產生轉移，讓學生對自己的學習和同伴的學習承擔更大的責任，教師只有在必要時，適時性的介入指導。學生運用所教的技能和知識，並互相幫助和充實，可使學習所得產生深化鞏固的效果。當他們彼此互動時，可以強化他們的理解，並學會向前發展。在此期間，學生也會使用許多軟技能，例如溝通、領導力和談判能力，這些軟技能愈來愈重要。過程中會顯示出學生確切所學到的、學習的迷思、學習還不完整的部分，需要讓教師適時協助指導的部分。

　　有許多不同的教學活動來確保學生協作，教師可以安排同儕互動討論，進行描述所學、提出見解、質疑、詮釋等活動，讓所有學生有機會分享、切磋與應用所學的新知新能，以鞏固其思考與互動的意義性。

　　例如在孔明借箭的國語課中，學生可以分組進行文章內容的心智構圖活動，讓各組學生能從教師閱讀指導之後，進一步梳理出全文的簡明架構，甚至教師也可以視學生程度，賦予小組繪製孔明借箭的人物比較表任務。如要學生去設定幾個比較點，整理出孔明與周瑜兩個人物的異同點。

　　教師也可以使用相互教學法（reciprocal teaching, Palinscar, & Brown, 1984）。老師先利用放聲思考方式示範交互教學法四項策略：(1) 摘要：要求學生用自己的話表達所理解的內容要點，從中反思能否理解文章的要點。(2) 提問：要求學生就文章中重要的概念提出問題，自我檢視能否掌握文章的內容重點。(3) 澄清：要求學生解決閱讀時所遇到的困難，使他們能了解文章的意思。(4) 預測：要求學生就已有知識及所知道的部分內容，確認「線索」，推測下文的內容，訂出閱讀的方向。接著小組學生輪流扮演老師的角色，逐步將責任轉移給學生，發展成學生之間相互提供支持的「同儕對話」。相互教學法的效果，可從香港仁愛堂田家炳中學學生在經歷過中國語文科的學習後感想，顯示其一斑。

　　　　從前上課主要是老師在讀書，同學在聽，而現在就要同學在討論和自行思考中學習，我認為主動和被動的角色有所改變，學生現在成了主動。

　　　　我覺得和組員討論後，可以更清楚文章內容，而且有不明白的地方，組員們也會一起討論，一起解答。所以經過多番討論，使我覺得和組員認真地討論是十分重要的，更知道組員的重要性，因為如果沒有他們，我也不知道能寫出什麼好的答案了。

此外，視學科性質，設計文學圈或讀書會活動、實驗操作與模擬實

作、拼圖法等都有助於學生在互動過程中，進一步鞏固學習經驗與發展社會能力（Fisher & Frey, 2008）。其中也要鼓勵學生在與同伴互動時使用本課程的語言和所學的概念。例如數學課的「點對稱與線對稱」、自然科學的「溶解」，教師必須查察學生同儕在討論對話中，有無加以應用這些學科所屬的精確語彙。

四、獨立學習與應用（Independence learning）

在獨立學習實踐階段，學生並不是不費吹灰之力，去重現或複製已經背的知識概念。在接續前一階段透過同儕互動協作鞏固學習結果之後，學生需要進一步加以遷移應用。教學的終極目標是讓學生產生學習遷移，能夠在變化的情境下，獨立地應用所學到的資訊、觀念、內容、技能和策略進行問題解決。教師就必須要賦予學生任務，讓學生進行有目的性的練習、花時間單獨工作和思考，確實達到應用的目標。當學生從事獨立學習時，老師的作用是注意到持續的表現並提供反饋。反饋使學生能夠校準他們當前狀態和想要達到的狀態之間的差距。這可以幫助他們做出有關注意力和資源分配的決策，並幫助他們解決遇到困難的問題。

當學習的責任漸次移轉到學生身上，學生的認知負載也隨之增加，自我導引的需求也跟著成長。Fisher & Frey（2013）指出：後設認知在學生自主獨立學習中特別有價值。具有後設認知過程的學生可以思考自己遇到的困難，擺脫困境，並自己解決問題。在獨立學習階段，特別重視學生如何思考自己的思維（後設認知）以及如何根據自己的學習採取行動（自我調節）。

孩子通常在四歲開始可以意識到自己的思考，但培養學生的後設認知能力並非幾堂課下來就可以建立，教師有必要重複持續的進行引導。在 GRR 教學模式中，教師在一開始的課堂目標建立階段，教師透過放聲思考讓學生注意到「專家」是如何思考做決定，接著在教學指導階段，提示與提醒學生去思考與澄清他們所知道的和不知道的，而在協作

學習階段，學生之間分享想法，論證解題方法、傾聽他人思考，就是為了使學生可以了解其思維，建立後設認知的心智習性（habits of mind）而能獨立學習。

　　Anderson（2002）提出四個激發學生後設認知發展的自我對話問題，這些問題可以引導學生在課堂學習中，了解如何準備和計畫，選擇一種方法並監督其計畫的執行情況。教師可以在課程開始時，就將這些問題張貼在黑板上，在課堂活動時寫下答案。四個問題如下：

1.「我想完成什麼？」設想不只是完成任務本身，進一步思考學習任務在生活應用的價值或作用是什麼？

2.「我正在使用什麼策略？」當確認問題後，我要想出一些策略來解決。首先，接著是……。

3.「我使用的策略效果如何？」讓學生在解題過程中不時自我檢查、監控技能或策略是否有效。

4.「我還能做什麼？」使學生能靈活思考，避免讓學生思考打結，僅專注於新的技能和策略，而暫時忘記自己掌握的先前熟悉的、可能會起作用的技能和策略。

　　在獨立學習階段中，學生需要運用自我的後設認知發揮自我調節的作用。學生根據他們在任務中所經歷的後設認知感知採取行動，調節時間進度、調整任務次序編排，以及能確實自我評估達標情形以進行（調節）校正的行為。運用後設認知自我調節的學生會在閱讀時感到卡住、不懂的時候再重新閱讀一次或者尋求、諮詢其他資源或工具，以澄清模糊的詞彙，弄懂術語的涵義，或在完成一項工作後檢查自己的工作是否存在錯誤。

　　教師可以安排各種獨立學習任務，包括日記和論文寫作；獨立閱讀；設計和起草項目和表演；準備辯論和研討會；測驗和其他評估；和研究。或者是指派回家功課的練習、結合資訊科技的學習。重點在於這些任務應使學生能夠表現出對內容的理解，而不是重複老師已經教過的東西而已。教師可以鼓勵學生在獨立學習期間繼續積累知識，設計獨立學習所需的批判性思維技能組織：分析，比較，評估，問題解決方案，

因果關係，定義，描述，過程順序和綜合。

（參）　GRR模式的優勢與特性

一、GRR模式與素養導向學習的連結

　　GRR 模式發展的理論基礎與訴求教育的最終目的，在於使學生成為自主獨立的學習者。在教與學的歷程中，發展有智慧有策略的心智技能、有社會互動對話能力，發展與運用後設認知及自我管理的心智習性。透過教師與學生之間、學生與學生之間的認知思考性對話，一方面練習與發展認知心智能力，學習新知識概念與技能，並可以使學生發展自信心承擔學習責任。讓獨立學習、自主行動成為可實踐的目標，不再只是口號或淪為空談。GRR 教學模式學生可獲得更多高層認知思維、社會互動與實作能力，成為有能力的思想家和學習者。GRR 教學模式成為素養導向學習實踐的一種可能。與核心素養所界定的：個體在面對當前生活與未來社會所需具備的知識技能與態度，所強調的是在複雜不確定的變化情境中，適應環境與問題解決的能力確實呼應。

二、GRR模式涵蓋教學歷程的基本要素

　　讓學習目標、學習方法、與學習評量交織連貫，有助於有效學習訴求的實現。揚棄過去偏重總結性評量，而是要發揮評量能促進學習的積極性功能，重視形成性評量，達到以評促學的效果。GRR 模式中涵蓋一般的教師講述、提問，學生討論、獨立練習行為，可說是教師教學與學生學習的日常，具有相當務實可行性，讓教學改革不再高居廟堂之上，教學慣性與教學日常不被解體或推翻。課堂的學習活動歷程，仍由教師承擔學習責任為開始，然後逐漸遞移轉接到學生承擔學習責任。

三、GRR平衡了教師中心取向與學生中心取向的教學

　　GRR 教學模式是要培養學生成為獨立自主的學習者，整個 GRR 教學模式最終目的係要將學習責任遞移到學生身上。而這種學習責任移轉是漸次發展的過程，並非一開始就將學習責任粗率的完全交給學生，而忽略教師教學的重要性。GRR 教學模式，經由教師講述、提問、評估、回饋、澄清等偏屬教師中心行為，再進行學生同儕對話、分享回饋、自我省思、自我調節等屬於學生中心性質之學習活動與行為，可說平衡了教師中心取向教學行為與學生中心取向的學習行為。

四、GRR模式提高教學程序與結構的透明性

　　GRR 係屬於具體、結構化的教學模式，可以讓教師每位課堂教學流程有更明確的程序，教學歷程有確切的準則依循，讓教室裡的教學不再淪為黑盒子。這是一種明確程序與結構的教學方法，致力於教學方法科學化，倡導五段教學法的十九世紀德國的教育家赫爾巴特（J. F. Herbart, 1776-1841）就曾主張：教學過程應循著猶如數學般的精確程序，以啟發學生的思想，增進系統的知識和培養推理的能力為目的（李咏吟，2000；Miller, 2003）。因此，GRR 模式正蘊含教學程序的專業性，提供教師們在進行教學備觀議課時，讓教學流程討論能更聚焦、更一致性的對話語言平臺，從而促進對話交流的效能。

五、GRR具有厚實的教育理論基礎

　　GRR 教學模式重視學生思維的誘發，學生在教師的教導下，進行認知思考運作，以達到學習目標。這種重視學生心智運作歷程的教學型態，與認知心理學家 Piaget（1952）的認知結構與基模發展。而 Vygotsky（1965; 1978）的近側發展區與社會文化互動理論，亦即人們透過與同伴互動和老師的鷹架支持來學習，此等理論亦支持了 GRR 教學模式。另外，Bandura（1965）的社會學習論，解釋了人們如何在不同的社會環境中學習，以及如何建構一個更加活躍的學習社群；如何正向及影

響學習者的能力發展，並幫助實現學習者個人的目標。其中的觀察與楷模學習、知覺注意、學後保留、動機原理，亦支持了 GRR 模式的應用（Fisher & Frey, 2008）。

肆　GRR模式運作需要的配套

一、積極性班級學習文化的建立

教與學的效能是建立在利於教學的情境之上。在確立教學焦點階段，教師除了要清晰有條理的說明與示範學習之外，亦需要先行建立學習規範日常。在指導學習過程中，學生的專注與參與品質，亦與班級氛圍的支持品質息息相關。在協作互動階段，需要積極的相互依存感，具備人際社交的行為要領；在獨立學習階段，也需要建立學生自我挑戰的學習習慣。因此，要確保 GRR 的運作效能，教師需要營造積極性班級學習文化。

二、學校需成為精進教學專業的學習共同體

GRR 教學模式對教師教學專業的要求相當高。教師首先要能確切解析教材重點、清晰學習內容的應用價值。在指導學習過程中，要能有效提問、迅速回應、理答，察覺學生的認知程度及其所需要的確切性指導，給予迅速適切的回應和支持，以激勵、引導學生持續性的學習進展。在各個教學單元中，教師如何安排協作互動任務，以及如何激發學生運用後設認知思考與自我調節意識，以發展成為獨立學習者等教學專業能力，在在需要學校猶如學習共同體般的環境支持，持續的引領聚焦於教學與學習方法的充實與精進，讓教師成為專家級的教師，才能支持 GRR 教學模式運作的漸趨成熟。

三、教師靈活的思維與角色調整

　　教師教學指示行為（介入學習的程度）愈來愈少，而學生獨立學習空間愈來愈大，是一種有效能的教學（Graves & Fitzgerald, 2003），也是 GRR 教學模式的基本理念。教學歷程固有其結構性，但實際的教學程序其實也富含彈性與變化性，會因學科內容的性質、關注的學習目標屬性、學生的發展準備度、學習資源材料的可取得性等因素而有變化。因此，教師需要內建靈活的思維與開放的心胸。適時調整轉換教師角色，而能使教學進程是朝向放大學生學習歷程、縮小教師為課堂主角的型態進行，最終讓學生承繼學習責任。教師在目標闡釋、指導學習階段，像是學科學習的指導者、指示者。在協作學習與獨立學習應用階段，又轉換為學習的媒介諮詢者、巡查穿梭教室各方，伺機指導的輔助者。

四、支持性的課程時間編排

　　要讓學生最終成為獨立學習者，能承擔學習責任也需要在課程資源與學習時間的編排獲得支持。GRR 教學模式如能採行更長、更彈性的大區塊學習時段之課表編排方式，應更為有利於實施。現行固定時間長度與節數切割的時間編排方式，並不利於讓學生可以完整的投入在有意義的學習過程中，教師與學生很可能受制於節數時間長度而使各階段的學習成效打折。因此，打破按傳統節數編排課表的方式，讓課表型式能滿足教學與學習型態的需求，使教師有更彈性的時間配置型式，才有利於支持 GRR 教學模式的實施。

五、善用促進學習的形成性評量

　　善用課堂中的形成性評量，讓評量能發揮促進學習的功能（assessment for learning）愈來愈受到重視（甄曉蘭，2008；張淑賢，2014）。GRR 模式的每個教學階段也講究教師必須有檢查理解的方法，以確保學習的進展（Fisher & Frey, 2013）。在建立教學目的中，老師通過確定

目標，以專家的身分示範、放聲思考並留意學生的初步理解來指明學生的學習方向。在指導教學中，老師會利用提問、提示、指引與直接說明來支持學生的理解。在協作學習過程中，教師會評估學生在鞏固和擴展學習方面的表現，並根據需要調整課程。在獨立學習過程中，老師的角色是激勵學生進行自我檢查，注意自己的進步，並確保學生得到幫助，以增進理解。

（伍）結語

　　時代局勢總是向前邁進，變化早已成為不變的常態。順應整體社會環境變遷，課程與教學改革的腳步也是未曾止歇、持續前進的歷程。但是課室內教學型態的變革，應是深耕易耨的教學改進而非澈底翻新的教學革命。我們必須從現況出發，保留或精進現有教學行為，並適時適度的排舊納新，才是務實性的作法。所謂：疾風不終日，驟雨不終朝。唯有穩健、細水長流的邁步，才得以永續性的前進。GRR 的教學模式，並非全盤更動課室式教學樣態，而是在傳統的教學框架，注入活水，用更具結構化的教學程序，有策略的使學生發展成為獨立學習者。

　　GRR 教學模式係將課室教學的主角從教師轉換到學生身上，教學指導的重心從以教學為主轉移到以學習為主。學習責任的承擔也從教師擔負漸次放手到由學生獨立挑起。此等教室風景的變化，讓新世紀學習者的圖像可以實現，讓新一代教師的專業更加彰顯。因此，了解 GRR 運作原理，不斷精進各階段教學專業，搭配合宜的配套機制，已然是著手起步的時刻了。

·················

參考文獻

·················

一、中文部分

佐藤學（2012）。學習的革命——從教室出發的教育改革（黃郁倫、鐘敢泉譯）。臺北市：天下。

李咏吟（2000）。五段教學法。教育大辭書。國家教育研究院。[Online]. Available:http://terms.naer.edu.tw/detail/1302641/(2020-07-28)

張淑賢（2014）：促進學習的評估原則及指標，**評估與學習**，**3**，15-21。

甄曉蘭（2008）。促進學習的課堂評量——概念分析與實施策略。**中等教育**，**59**(1)，92-109。

二、英文部分

Anderson, N. J. (2002, April). The role of metacognition in second language teaching and learning (ERIC Digest EDO-FL-01-10).

Bandura, A. (1965). Influence of models' reinforcement contingencies on the acquisition of imitative responses. *Journal of Personality and Social Psychology*, *1*, 589-595.

Duke, N. K., & Pearson, P. D. (2002). Effective practices for developing reading comprehension. In A. E. Farstup & S. J. Samuels (Eds.), What research has to say about reading instruction (pp. 205-242). Newark, DE: International Reading Association.

Fullan, M. (1993). *Change forces: Probing the depths of educational reform*. Philadelphia: Falmer Press.

Grant, M., Lapp, D., Fisher, D., Johnson, K., & Frey, N. (2012). Purposeful instruction: Mixing up the "I," "we," and "you." *Journal of Adolescent and Adult Literacy*, *56*, 45-55.

Graves, M. F., & Fitzgerald, J. (2003). Scaffolding reading experiences for mul-
tilingual classrooms. English learners: Reaching the highest levels of Eng-
lish literacy, 96-124.

Graves, M. F., & Graves, B. B. (2003). Scaffolding reading experiences: De-
signs for student success (2nd ed.). Norwood, MA: Christopher-Gordon.

Grenier, M., Dyson, B., & Yeaton, P. (2005). Cooperative learning that includes
students with disabilities. *Journal of Physical Education, Recreation and
Dance, 76*(6), 29-35.

Johnson, D. W., Johnson, R. T., & Smith, K. (2007). The State of Cooperative
Learning in Postsecondary and Professional Settings. *Educational Psy-
chology Review, 19*(1), 15-29.

Miller, E. Joan (2003). "Teaching Methods, the Herbartian Revolution and
Douglas Clay Ridgley at Illinois State Normal University". *Journal of Ge-
ography. 102*(3): 110-20. doi:10.1080/00221340308978532

Moss, C. M., & Brookhart, S. M. (2009). Advancing formative assessment in
every classroom: A guide for the instructional leader. Alexandria, VA:
ASCD.

Moss, C. M., Brookhart, S. M., Long, B. A. (2011). Knowing Your Learning
Target. *Educational leadership, 68*(6), 66-69.

Palinscar, A. S., & Brown, A. L. (1984). Reciprocal teaching of comprehension-
fostering and comprehension-monitoring activities. *Cognition and Instruc-
tion, 1*, 117-175.

Patrick, H., Bangel, N. J., & Jeon, K. (2005). Reconsidering the issue of co-
operative learning with gifted students. *Journal for the Education of the
Gifted, 29*(1), 90-108.

Pearson, P. D., & Gallagher, G. (1983). The gradual release of responsibility
model of instruction. *Contemporary Educational Psychology, 8*, 112-123.

Piaget, J. (1952). *The origins of intelligence in children.* New York: Norton.

Pratt, D. (1994). Curriculum perspectives. In Curriculum planning: A handbook for professionals. Fort Worth, TX: Harcourt Brac.

Seidle, T., Rimmele, R., & Prenzel, M. (2005). Clarity and coherence of lesson goals as a scaffold for student learning. *Learning and Instruction*, *15*, 539-556.

Slavin, R, E. (1996). Research on cooperative learning and achievement: what we know, what we need to know. *Contemporary Educational Psychology*, *21*(1), 43-69.

Somr Miroslav, Hrušková Lenka, (2014). Herbart's Philosophy of Pedagogy and Educational Teaching [Herbartowska filozofia pedagogiki i kształcenia]. Studia Edukacyjne nr 33, 2014, Poznań 2014, pp. 413-429. Adam Mickiewicz University Press.

Stiggins, R. J., Arter, J. A., Chappuis, J., & Chappuis, S. (2009). Classroom assessment FOR learning: Doing it right─using it well. Columbus, OH: Allyn and Bacon.

Tomlinson, C. A., & Imbeau, M. B. (2010). Leading and managing a differentiated classroom. Alexandria, VA: ASCD.

Vygotsky, L. S. (1962). *Thought and language*. Cambridge, MA: MIT Press.

Vygotsky, L. S. (1978). *Mind in society*. Cambridge, MA: Harvard University Press.

問題與討論 ....

1. 試著以GRR四階段教學模式，根據教學與學習原理，發展一份學科教學流程的設計。

2. 教師如何有效傳導教學焦點與學習要義？在課前的備課活動，可以怎麼做？請舉出具體例子。

3. 在課堂師生互動中，如何有效提問、理答？並給予學生具支持性的指引、指示與線索，請試著進行課前設計與實踐，說明你的發現與心得。

4. 不同班級學生的同儕互動經驗與成熟度有所差異，面對不同發展程度、年段的學生在協作學習階段，應留意的指導要領是什麼？

5. 以自己任教學科為例，說明讓學生習慣於運用後設認知的心智習性與自我調節的心理技能之作法。

第 4 章

正言若反？語文教育的藝術層次及素養導向的教學實踐

黃繼仁

國立嘉義大學教育學系教授

摘　要

　　本研究運用文獻探討的方法，討論當代社會變遷及語文領域的研究與發展趨勢，分析因應新時代的語文素養屬性，探討國語文教學內涵的變化，研析新課綱素養導向的語文教學特質及其實踐，並提出師資培育改革的建議。研究結論為：語文素養應採納多元識讀概念，兼容識字教育與真實世界的溝通能力，包含數位層面，擴及實踐公義的批判；語文素養教學除了技能之外，也應有高層次訓練，即是在科學之外，包含藝術層次；新課綱的語文教育重視閱讀理解教學、長文閱讀及跨領域閱讀與寫作等方向；師資培育的改革應包括職前教育和在職教育，包含閱讀教學與寫作教學實踐的革新，以及提供跨領域語文教育的理論與實務結合的案例，更新教師的語文教學信念，以落實素養導向的語文教室實踐。

壹　導論

新課綱揭櫫素養導向的課程與教學，強調情境化和脈絡化，以及力行實踐，應該聯結真實生活的應用，尤其是面對不同情境的溝通，例如：遇到尷尬情況幽默以對，反而能令人莞爾一笑。在探討教學特質時，對於它是科學抑或藝術，雖有不同見解，卻能相輔相成（黃繼仁，2010）；從語文教育來看，科學層面可視之為語音、語義和語法的訓練，而藝術層面除了文學或作品的鑑賞之外，也涉及真實生活的溝通與互動，應進一步重視能靈活變化的語境應用。

「正言若反」出自《老子》，意味著語言和所指涉的事物或意義恰好相反，是生活中常見用法之一，例如：「考一百分了不起嗎？」語言雖是指涉具體或抽象事物的媒介，《老子・第一章》：「道可道，非常道；名可名，非常名。」則說明語言有所限制，但如此文字敘述卻也是突破語言限制的可能表述。而語文教育不純粹是語言，也包括文字，修辭中的反諷表述，如同正言若反。因此，語文教學內涵不只有單純的識字教育，也具有豐富的多元面向和內涵。

近年來盛行有關素養議題的探討，源於我國中小學生參與國際評比結果所影響。一者是對小學四年級學生施測，一者是對 15 歲中學生施測，都包含閱讀素養，近年則加入數位閱讀的項目。新課綱將素養定義為包含知識、能力與態度，且能適應現在及未來社會所需的九大核心素養。從此一素養觀點來看，語文教育也涉及知識、能力和態度，也和符號運用與溝通表達這項核心素養相互符應。

本文採用文獻探討的方法，綜合國內外相關研究成果，在當代社會變遷及課程改革脈絡下，分別從語文素養的界定及其藝術層次、國語文教學的內涵、語文領域的研究與發展趨勢、新課綱的國語文教學重點，以及其在師資培育改革層面，進行分析、討論和闡釋，描繪落實素養導向的語文教育面貌。

貳　語文素養及語文教育的藝術層次

　　首先，分析語文素養的內涵及其屬性，說明語文的規範和創新特質，討論其藝術層次和不同的境界，進而闡釋國語文教學的適切內涵。

一、語文的內涵及其屬性

　　語言、語文這兩者時常被混用，但互有異同。首先，語文可分成語言和文字來看，也有人視之為口頭語言和書面語言；其實，從語文的內涵來看，應有聽、說、讀和寫等項目，英語稱之為 ”language arts”，正因為它包含至少這四個項目，故有複數的用法；然而，國內時常譯之為語言藝術，似乎有誤解的嫌疑。

　　語言被視為一套符號系統，是表意工具也是思考媒介。語言是用來指涉某一事物或概念，例如：蘋果、紅色、或紅色蘋果、今天天氣很好。當它被記錄或書寫後就以文字來呈現，也可以說是一種符號的形式，雖然和所指涉的事物或概念有相互聯繫，卻不能取而代之（范光棣、湯潮，1990）。

　　有人將語言區別為自然語言（日常語言）和人為語言，前者為一般使用的語言，後者是某一領域的專業用語。日常語言可能充滿互相矛盾或是不相一貫。而且，語言一方面指向物理（或物質）世界，另一方面也緊接著人心，涉及心靈世界（何秀煌，1988）。因此，語言因而也可以表述一套個人或集體的世界觀，成為一組具有緊密關聯的命題，自成一套有系統的理論體系（Schwab, 1978）。

　　然而，這樣的命題或理論，卻有可能如《老子·第七十章》所說「吾言甚易知，甚易行。天下莫能知，莫能行。」例如：《老子》一書雖然只有五千餘言，有關老子論述的專書和論文，卻早已遍布古今中外，超越上百萬、千萬字以上，紛紛從不同的角度進行論述，流傳廣泛，既深且遠。

　　之所以如此是因為語言雖然有限，仍試圖描繪所指涉隱藏在事物背

後的抽象概念，卻未能完全等同。《紅樓夢》第一回提到了「假作真時真亦假；無為有處有還無。」其中的「真」和「假」、「有」和「無」，究竟是真還是假？是有抑或無？若從物質世界來看，或許難以理解，若從所指涉的心靈世界，尚可理解其中一二。不過，從現代的生活和用語來看，網路的虛擬世界究竟是真還是假呢？從物質世界來看，它雖是虛擬的存在，卻有許多人受到嚴重影響，甚至因為被霸凌而輕生。

如前所述，語言是一種表意的符號，例如：受到資訊科技發達的影響，不僅電腦，網路也影響了我們的生活世界；尤其智慧型手機的發明，大量生產，導致人手一機的時代來臨，進入了數位世界，數字也可以代表某一種意義，例如：「520」代表「我愛你」、「9595」可以是「救我救我」。

從語言學的觀點來看，語言本身涉及了語意（或語義）、語音、語法和語用，前面三者時常受到重視，後者卻是實際應用的重點。例如：「水」在不同的人用於不同地方，用法不同，意義也會改變，牙牙學語的小孩說「水」，可能是想喝水；如果一位大人帶著一位小孩在路上走著，說了一個「水」，可能是提醒小孩地上有「水」要記得避開。如果是一個人在沙漠裡說「水」，可能是快渴死了，急迫地需要喝水。因此，語言的使用和語境息息相關。

對於月亮的稱呼，歷來就有不同的說法，例如：白玉盤、嬋娟、玉兔、太陰、蟾蜍等等。因此，語言所指涉的某一事物，的確存在著多種的稱呼，是一種多對一的關係。而和月亮有關的許多用語，也反映著不同的用意，例如：「月圓人團圓」、「月亮代表我的心」、「我本將心向明月，奈何明月照溝渠」，這也是一種語言歧異的現象。

那何謂正言若反呢？這句話出自於《老子》第七十八章，原文為「天下莫柔於水，而攻堅強者莫之能勝？受國不祥，是謂天下王。正言若反。」從字面的意義來看，它是語言所指涉的事物的反面道理，能夠承受整個國家的凶惡，就能成為一個天下的共主。因此，它是一種從反面來看待某一事物的真相，說出另一種角度的事實真相。

從修辭來看，反諷也是從反面表述某一事物或觀念。例如：朱自清

在〈背影〉寫道：「我那時真是太聰明了。」胡適在〈母親的教誨〉寫道：「你沒有老子，是多麼得意的事。」兩者都是諷刺。林語堂在《浮生若夢》說：「人與人之間，彼此發現了愚蠢，不覺失笑，這是滑稽；受了命運的作弄，而不能反抗，只好冷笑一下，這是俏皮；不肯屈服，而又無力反抗，只好苦笑一下，這是諷刺；看穿了人生的悲劇，寄予無限的同情，乃是幽默。」（林語堂，2008）反諷、滑稽和幽默各自表述不同的境界，也有層次高低的差異。

老莊是中國幽默之始祖（林語堂，1998）。例如：莊子和惠施兩人是好友，但是，當有一次他去找惠施時，被誤會是想搶相國官位，遇到利益衝突，惠施竟然全城大搜捕卻無所獲；過了一陣子，莊子親自上門，還講一個「以鳥為喻」的故事，表明自己是「非梧桐不止，非練實不食，非醴泉不飲」的鵷鶵，只是路過，不會跟「鴟」搶腐鼠，既表明心志，又諷刺惠施貪戀官位。

而「人無信不立」、「誠實為上策」應該是普世價值，但是，在某些特殊的情境下，則會出現「輕諾寡信」或「善意的謊言」等現象。例如：原本答應幫忙朋友的事，到了現場發現是違法，還要兩肋插刀嗎？或者，某人得了絕症，家人不敢告知真相而說：「好好聽從醫囑，病就會好了。」一般人對死亡頗有忌諱，因而發明了「駕鶴西歸」、「蒙主寵召」等等類似的說法。

由此可見，語文和所指涉的事物或抽象世界，有著一對一、一對多或多對一，甚至是多對多的關係，也是維根斯坦所謂「語言中工具的多樣性、用法的多樣性，以及字詞和句子種類的多樣性」現象所衍生而來的（范光棣、湯潮，1990：14）。因此，語文及其所指涉的對象，無法視之為純粹而素樸的邏輯符號系統，也不能僅以科學的標準化觀點視之，真實生活所需要的語文素養，更有較高的藝術層次特質，如欣賞文學的美好、或是面對尷尬情況尚能幽默以對。

二、語文的創新及約定俗成

從規範來看，語文是一種約定俗成的符號系統；但是，從較長時間來看，或從歷史來看，語文本身也有演化的現象。換言之，語文時常處於一種標準和非標準之間相互競逐的狀態。

因此，有人將這約定俗成視為純正或標準，而不符合標準者或不純正者，則被視為受到汙染、惡性歐化及語言癌，例如：思果（1980）的《翻譯研究》、黃維樑（1986）的《清通與多姿》、老志鈞（2006）的《語文與教學》等。

從語法來看，可分為描述性語法和規範性語法，前者即客觀地描述語法的現象，後者即提出正確的語法規則供他人遵循（黃維樑，1986）。這兩類型的工作，是由語法學家所進行的，也是所謂的語法標準的來源。黃維樑雖然主張純正中文，積極維護基於常理和邏輯的語法，卻也不否認語法具有演變的現象。

當我們強調語言的標準，無論是字形或字音、字義，就是一種重視傳統的立場，就會把歧異的部分視為不標準，或是錯誤，甚至是一種汙染，應該予以掃除、廓清；另一種立場就是將語言視為一種隨時代演進而會有所創造的產物，允許使用者加入自己的想像或是在同時代共識下的語用。

然而，郝明義在《越讀者》一書中提到，

……中文裡，「打」這個字可以用在各種不同的地方……譬如，打人、打電話、打雷、……他列了一百多條……「打撈」：無事遊行鄉里，以冀竊人東西，或誘姦異性。（這可不是今天的用法）「打歌」：男女在山田中以歌謠唱和。…（郝明義，2007：頁173-175）

其中所說在1920年時期的「打撈」和「打歌」意思，明顯和我們現在的用法差異甚遠。這種情況是因為語用會隨著時間變化，產生語義

的變異，而文字是凝化的語言，讀者在閱讀上個時期的文字就容易誤解。一百年前就有可能誤解，遑論更長久的時間呢？中文的訓詁學正是因此而衍生，以維護語言的傳統。

關於語法方面的著述，根據黃維樑的研究（1986），最早的是《馬氏文通》，直到 1898 年才出現，不過，閱讀古書可從中觀察到古人用詞造句「隱隱然有法則可循」（黃維樑，1986：63），即是一種約定俗成的規則。每個時代對於該項語言的約定，應有共識，或由統治者所定義，正是所謂「車同軌，書同文」。

中文傾向維持原有的文字，但賦予原字新義，例如：在網路時代的「夯」字，或是構造新詞來表達，例如：「建構」、「粉絲」。和拼音文字不同的地方，常用漢字早已完成造字，即使有也只見於個人命名的新創文字，卻沒有可以流傳的新字，但對於新概念則以造新詞來應對，例如：建構主義、新冠肺炎、麻瓜。因此，中文應該也具有創新的特質，可以對原有字詞賦予新義，也可以創建新詞表達嶄新的事物、概念或理論。

目前制定的標準國字和標準國音，因為統一考試的需要，成為標準答案的依據，因而具有很高的強制性，大家都必須遵守，即使和社會的常見用法有明顯出入，依然如故。例如：「木」字的豎畫不能打勾、「滑」稽讀作「ㄍㄨˇ」、擲「骰」子讀作「ㄊㄡˊ」、歌「仔」戲讀作「ㄗˇ」。這些讀音太特別，無法在日常生活中應用，若刻意使用，說不定還會被嘲笑或奚落。

隨著時代的演進及社會變遷，語文的確會產生應用的變化，中文字雖然不能創新，卻會逐漸形成新的詞語或用法，產生新的語用。因此，語文教學不能僅僅墨守成規，重視僵化後的既定標準，而是必須因應社會脈絡和情境，容納創新的意義和用語，進行靈活而必要的調整。

三、國語文科的內涵及其藝術層次

我國的語文教育在中小學教育階段，分別以不同的科目出現，小學

階段由國語科完成，重視語文基礎教育的養成，國中和高中教育階段則為國文科，包含文學和文化的內涵，所選讀的課文也包含古今中外文學作品的學習。

　　傳統語文教學向來分成說讀寫作，學生一進入小學就讀，即透過首冊進行注音符號教學，而課文教學包括生字、語詞、句型及課文深究。由於教師偏重課本教學，採用講讀教學和反覆練習的學習方式；寫作被視為較高難度的語文活動，須經歷低年級的識字教學，才能於中年級實施，也有統一的考試制度（黃繼仁，2003）。

　　這種教學方式重視基礎教育，卻有許多不良影響。例如：學生的國字誤讀現象非常普遍，語文能力偏向被動性理解、辦認與選擇，欠缺主動判斷、推理及創作能力（杜淑貞，1986；蘇伊文、楊裕貿，1994）。作文教學通常只有教師命題或簡單講解，即令學生獨立寫作（張新仁，1992；甄曉蘭，2003）；因為教師專業知能不足又不熟悉作文教學方法，導致作文教學難以落實（徐守濤，1996）。而這種傳統教學方式，也很容易扼殺學生的創造力。

　　1996 年實施的 82 年版的課程標準，國語科除注音符號以外，包括說話、讀書、作文、寫字（含書法）分項教學，採混合教學為原則，增列課外讀物並強調圖書館利用的教育，已開始注重學生的獨立學習，將教育延伸到課堂外的時間；單元練習教材，強調以思想為中心及讀說作寫的統整設計，教學實施強調配合學生的實際生活環境，以多樣化方式進行教學（教育部，1993）。

　　九年一貫課程強調統整課程與基本能力，以學習領域的組織形態出現，改以六項能力指標取代傳統國語教材大綱的內容，強調培養「帶得走的能力」（教育部，2003）。89 年暫行版和 92 年正式版均將國中小九年分成三個階段，小學只有兩個階段，97 年版本則調整成小學就有三個學習階段（教育部，2008）。這六項能力指標，分別是注音符號、聆聽、說話、識字與寫字、閱讀、寫作。

　　到了 108 新課綱的時期，開始以九大核心素養取代十大基本能力，並在國語文課綱中規範了包含學習內容和學習表現的學習重點，學習內

容用來包含過往的國語文教材大綱，而有關的學習表現，正是原來九年一貫課綱的國語文六項能力指標，只是用語有所差異，如以標音符號取代了注音符號，口語表達取代了說話，數量則更為精簡（黃繼仁，2019）。

　　不過，無論如何改革，我國小學的國語文教學一直強調包括拼音、識字、閱讀與作文等能力的基礎訓練，教材的編輯以生字為核心；低年級的國語教材偏重注音與國字的辨識，多數教師的教學以筆劃、筆順的指導為主，偏重語義內涵解釋，忽略表情達意的實際功用。換言之，即偏重字、詞教學，忽視閱讀理解的教學（吳敏而，1990；吳敏而、徐雪貞，1994）。

　　傳統的語文教育背後即是行為主義的影響，將語文教育視為刺激反應的聯結，即字形和聲音的聯結，重視從字到詞，再到句段和文本的學習，強調從部分到整體的教學（黃繼仁，2003）。早期的語文教育幾乎等同於識字教育，似乎只要會識字，即學會語文；因此，背誦詩詞經典，自然而然成為較佳的選擇，不僅可以識字，也可以學習其中隱含的語法，藉以了解所蘊含的文化精華。

　　因為傳統根深柢固，教師常被視為語文規範的維護者。Goodman和 Goodman（1990）認為，教師在語文教學時，發現兒童在語文發展歷程出現的語文創新，時常視為嚴重錯誤，若能將它視為一種誤讀現象（reading miscue）或自創拼字（self-invented spelling），不要過度糾正，以避免影響兒童對語文的實驗和大膽嘗試的態度。

　　近年來，閱讀教育之以所受到高度的重視，和我國於 2006 年開始參與有關閱讀素養的國際評比表現不佳有關，例如：「學生基礎素養國際研究計畫」（Program for International Student Assessment, PISA）、「促進國際閱讀素養研究」（Progress in International Reading Literacy Study, PIRLS）（林煥祥、劉聖忠、林素微、李暉，2008；Mullis, Martin, Kennedy & Foy, 2007; OECD, 2007；國立中央大學學習與教學研究所，2008）。

　　其中 PIRLS 的閱讀表現，自從教育部推動閱讀教育改進政策，大

幅提高閱讀教育的軟硬體設施，也在柯華葳團隊的領導下，開發課文本位的閱讀理解教學的作法，鼓勵現場教師融入國語科的教學，改善學生的閱讀表現。除了 2006 年參與當時的表現不佳之外，2011 年和 2016 年都持續進步，從第 22 名（22/45）進步到第 8 名（8/50）（柯華葳、張郁雯、詹益綾、丘嘉慧，2017）。

　　但是，過於重視閱讀教育可能導致教學方法僵化，忽略其他層面，甚至破壞閱讀的興趣。例如：侯文詠認同閱讀的重要，因而要求自己就讀二年級的小孩每天聽一篇吳姐姐講歷史故事寫一篇心得，結果反而扼殺閱讀興趣（李雪莉，2012/7/6）。在一番探討後，才發現該書作者設定的對象為小學五年級，並開始改變引導的方法和策略。由此可見，即使立意良好，不得其法，可能弄巧成拙。

　　中文是表意文字，依賴語氣和上下文來溝通意義，具有形音義結合的特質（吳敏而，1994；鄭昭明，1993），難以使用系統方法概括，時常倚賴背誦的學習方式；此外，也可利用文字學研究成果，提升識字的正確性，擴展豐富的詞彙，例如：善用中文部件的組合。然而，語文教學不應僅侷限在此種技能導向的策略。如同 PIRLS 和 PISA 兩項測驗對於閱讀素養的界定，閱讀理解也有不同的層次，在識字教育之外，也應重視閱讀理解，並兼顧較高層次的省思和評估。

　　Adler 和 Doren 在 1986 年出版《如何閱讀一本書》，提到閱讀的四個層次：基礎閱讀、檢視閱讀、分析閱讀和主題閱讀，其中，主題閱讀是最高層次，需要閱讀多本書籍以探究共同的意義，既主動又費力。郝明義在 2007 年出版的《越讀者》一書中，提出閱讀的七道階梯，第三道是學習欣賞一切抽象的美好，第四和第五道是欣賞社會制度、與自己相異的美好；最後一道則是，體會宇宙的智慧之美。第三道即已觸及藝術層次，其後不同層次更在這個基礎上，均可逐層拾級而上，體會閱讀的美好與智慧。

　　侯文詠在《不乖：比標準答案更重要的事》提到，自己的文章曾被國文教科書收錄，也成為某次考試範圍的題目，

……一考之下我發現我不會寫的題目還眞多……竟只得到
八十七分。兒子用沉痛的表情告訴我：「爸，你這個成績拿
到我們班上大概只能排到第十三、四名。」……這起碼表示：
我們的制度更認同那十二個比我分數更高的同學（侯文詠，
2010：13）。

這樣的制度將學生思考侷限在文法、詞性和修辭等技術性問題，即
使分數再高，終究卻導致了對中文的疏離，不僅剝奪學生從閱讀中獲得
感動和思索人生的機會，也剝奪其書寫表達的興趣。

林語堂於 1988 年出版的《生活的藝術》寫道：「世上有兩個文字
礦：一是老礦，一是新礦。老礦在書中，新礦在普通人的語言中。次等
的藝術家都從老礦去掘取材料，唯有高等的藝術家則會從新礦中去掘取
材料。」（p.361）若能從生活取材，就不會只是背誦書中的材料而已。
但是，這個過程需仰賴個人的觀察和思考，才有可能從生活經驗中提煉
適合的題材，轉化成書寫的精練文字。

西方俗諺：「筆猶勝於劍」，馬克思的《資本論》在政治、社會、
經濟領域的影響，即是它的寫照。Freire（1972）寫出《受壓迫者的教育
學》，期望透過識字教育改善農民處境，結合討論和對話的方法使其
覺察困境而能改善所處的困境。到了資訊社會的脈絡中，應注意數位鴻
溝的影響（Levin & Arafeh, 2007），透過多元識讀的培育對學生增權賦
能，使其能突破環境限制以發展潛能。

由於讀寫能力的培養主要是仰賴國民教育階段的語文教學，因
此，它不只是教育議題，也是社會、經濟和文化的議題，更是政治的議
題。無論如何，它與人類潛能的實現有密切關聯，缺乏讀寫能力通常與
貧窮和弱勢緊密聯結，讀寫政策和策略因而必須考量人類生存、工作和
進行日常生活的脈絡，必須去除制度的障礙，保障並提供均等的教育機
會（Thomas, 1991）。

綜上所述，課程標準或課程綱要所規範的國語文教學內容，著重的
是所有國民應該具備的基礎能力。除此之外，應該有更高層次的追求，

即提升到藝術的層次，甚至是幽默的境界；同時具備能有效地參與當代社會運作的語文能力，解決問題並達成改良社會的目的，實現公平正義的理想。

（參）素養導向語文教育及其教學實踐的轉化

新課綱所揭櫫的素養導向語文教育面貌，究竟如何，相當值得深究。因此，本節先勾勒當前語文教育的發展與趨勢，分析新課綱素養導向的語文教育實踐，探討兩者的關聯性及其共同特質，藉以提出有關師資培育改革的方向。

一、語文教育研究的發展與趨勢

傳統的語文教學模式主要是善用成人規則的學習方式（吳敏而，1990），強調語文教學的結果與績效。在當代社會變遷的趨勢下，教育當局更以績效與品質控制之名，實施嚴格的技能教學與標準測驗的要求，卻導致實質閱讀的時間縮減，寫作時間不足，即使在標準測驗成功的學生，也顯得興趣缺缺且被動消極（Lipa, Harlin, & Lonberger, 1991）。

隨著傳統語文教學模式遭受質疑，自 1970 年代以來，許多研究者開始從不同角度探究兒童的語言發展與學習（Clay, 1972; Goodman, 1967），以社會學習的架構進行探究（Vygotsky, 1978），逐漸興起各種變通的語文學習與教學模式。例如：讀寫萌發研究（Clay, 1972）、統整的語文教學、全語言教學（Goodman, 1986; Heald-Taylor, 1989）、遍及課程的讀寫（Botel, Botel-Sheppard, & Renninger, 1994）。

如前所述，傳統寫作教學重視成果，受到近代認知學派的影響後，相關研究開始探討真實寫作的過程，逐漸產生過程模式（張新仁，1992；Flower & Hayes, 1981），強調在教學時能提供較多的寫作步驟指導。過程寫作的相關研究結果顯示，進行寫作教學的過程不僅可以學

習寫作技能，也可以透過寫作來學習（National Writing Project & Nagin, 2006），甚至成為一種探究形式（Hillocks, 2002）。

　　此一新的語文發展與學習觀點指出，兒童是在語文活動中同時發展讀寫能力，其語言發展取決於周遭環境接觸的語言經驗及兒童的主動建構；兒童是在社會的自然環境下，透過觀察、與人互動及自我建構，其語言發展是一種逐漸生成與繼續前進的過程。進入小學就讀前，兒童已經具備豐富的語言學習能力，也能從生活用語中尋找規則（吳敏而，1990）。

　　因此，語文教育不再只是純粹的技能或語音的學習，語言也是一種表述意義的媒介或是符號（黃繼仁，2003）。如同 Halliday（1993）所指出的，語言學習同時包括了語言的學習、透過語言來學習，以及學習所有和語言相關的內容，這三種歷程既同時運作又密不可分。若從能力指標或學習表現來看，語文學習不是只有閱讀而已，還涉及寫作、識字和寫字、聆聽，以及口語表達，應該是一種綜合性的整全能力養成。

　　這樣的發展到了 1990 年代，傳統的技能取向（或稱之為語音學），和重視意義取向的兩個陣營彼此相互競逐和對立，逐漸發展出折衷的派別（黃繼仁，1997），目前已形成所謂的平衡取向語文教學（balanced approach），兼採兩種取向的優點（Pressley, 1998）。除了重視意義取向的教學之外，也強調閱讀理解的重要性，包括音韻覺識、識字、流暢度和認知策略的應用。

　　整體而言，此一發展趨勢係朝向個體發展、學習和認知的觀點，延伸至社會文化脈絡的觀點（黃繼仁、周立勳、甄曉蘭，2001；黃繼仁，2003）。它意味著，語文學習應建立於學習者的先前知識與經驗，強調閱讀與寫作都是脈絡化的社會行為，屬於發現並表達嶄新意義的一種動態過程，聽說讀寫在實際運作過程都是統整不可分割的（Smith, 1982），因此，閱讀與寫作都是社會化行為。

　　Harste（2003）指出，近年來的研究發展結果顯示，語文不再是單一觀點，而是一種多元識讀能力，也是一種社會實踐（social practice）。為了適應二十一世紀的社會，優良的語文教育方案除了產生意義

和語言學習之外，應該採用探究為本的學習（inquiry-based learning）。而語言學習不只是語音、拼字和文法而已，也包含意義的產生和表述，還能批判性地閱讀。

因此，當進行某一專題或議題的閱讀和寫作時，進行合作探究行動（Wells, 2000），能使教室成為對話社群（Applebee, 1996），參與社會以解決各式各樣的難題，如貧窮、無家可歸、汙染或自然資源的過度使用等議題（Harste, 2003）；在對話和探究的個人建構或社會建構的過程中，使學生獲得動態、變化而能面對現在和未來行動的知識（Applebee, 1996），更符合素養導向的語文教學特質。

當代社會各種資訊科技的應用推陳出新，我國上網人口也已突破八成（臺灣網路資訊中心，2016/9/22）。相關研究顯示（莊雪華、黃繼仁，2012；National Writing Project & Nagin, 2006），媒體與網路應用早已是學生的重要休閒活動，也孕育了數位原住民（Prensky, 2001），有的視之為威脅（王開府，2006），有的卻視為新契機（郝明義，2007）。最近國內全民閱讀的調查發現（王美珍，2014），受此現象的影響，傳統閱讀指標如購書量、閱讀量、閱讀時數和購書經費呈現下滑趨勢，但是，網路新聞、網路轉貼文章，以及臉書已認可為閱讀的一部分。

這種持續整合文字、圖像、影片和聲音的跨界趨勢，重新定義讀寫能力的觀點（Alvermann, Unrau, & Ruddell, 2013; Applebee & Purves, 1992; Hobbs & Frost, 2003; MacArthur, 2006; Serim, 2003），產生並形塑了多元識讀的概念，納入多重型態的讀寫觀點，也能接納校外世界的新讀寫形式與風格、新的字詞與語言結構及呈現形式（莊雪華、黃繼仁，2012）。同樣地，PIRLS 和 PISA 的國際評比計畫，也已納入數位閱讀素養的施測（親子天下，2016/12/5）。

總而言之，新的語文教學觀更重視真實生活的應用，強調提供豐富的語文環境，拓展聽說讀寫各方面的經驗，也能討論社會變遷衍生的重要議題，使之成為語文教育資源。語文不僅僅是一種工具，應該也是一種探究的媒介，在學習的過程當中，學習者對於語文的掌握也會有所增

長，不僅能自我表達，也能進行分析和批判，以發揮其溝通互動和社會參與的功能。

二、新課綱的素養導向語文教育

十二年國民基本教育課綱以「自發、互動和共好」理念為核心，揭櫫三面九項核心素養，不只強調適應現在社會所需的知識、能力和態度，還重視能面對未來挑戰所應具備的內涵（教育部，2014）。而素養導向的課程與教學設計的原則中有：連結實際的情境脈絡讓學習產生意義、強調學生參與和主動學習以運用並強化相關能力、兼顧學習的內容與歷程以彰顯所包含的統整能力（林永豐，2017），由此可見，新課綱相當重視「真實生活」和「學以致用」的核心精神。

自從 2006 年 PIRLS 和 PISA 的結果發布，我們才驚覺學生的閱讀表現確實不佳，因而進行閱讀教育的改革（國立中央大學學習與教學研究所，2008；柯華葳、詹益綾、張建妤、游婷雅，2009）。2011 年和 2016 年的 PIRLS 結果顯示，小學四年級學生的閱讀表現已有顯著進步，PISA 的閱讀素養除了 2012 年表現進步之外，其餘都維持中間排名（臺灣 PISA 國家研究中心，2014）。閱讀教育因而受到空前的重視，相關論述和應用日益增加（柯華葳，2006；鄭圓玲，2013）。

從 PISA 和 PIRLS 的評鑑報告來看，閱讀的定義已不同於傳統的定義；PISA 將閱讀能力界定為對書寫文字的理解、使用和反省的能力，用以達成個人目標、發展個人知識與潛能，以及參與社會（OECD, 2004）。因此，它是著眼於適應知識型社會的挑戰，重視符合真實生活挑戰的知識與能力。

新的國語文課綱重點包括文本深究能力的培養、多元識讀能力的培養、透過語文進行自我學習者的養成，以及重視閱讀教育（蔡曉楓，2017、2018）。六項學習表現取代能力指標，名稱也有變動，例如：注音符號換成標音符號，說話換成口語表達；學習內容包含文字篇章、文本表述和文化內涵三個主題，文本表述是從文體演變而來，已出現在

97 年版九年一貫課綱（教育部，2008、2018），文化內涵應是從九年延伸到十二年因應中華文化基本教材的需要，是一種「文以載道」的再概念化（黃繼仁，2019），為新課綱所獨有。

在教材編選中「各冊得增選 3 篇以上課文，以供學生自學之用。自第五冊起得編選 800 字至 2,000 字的長篇課文。」（教育部，2018）不僅有選文供學生自學，也納了長文的閱讀。有關長文閱讀的變革則是受到前述國際評比材料有許多千字以上的長篇文章影響所致，因而進行長期檢討所形成的課程改革訴求，落實於國語文領綱的規定（黃繼仁，2019）。國中和高中階段則強調自學教材和自行閱讀教材不須講授，供學生自行閱讀。

教學實施提出「班級教學、小組教學、個別教學、專題探究、實作教學、體驗教學、資訊融入教學」等多元策略，和過往獨尊混合教學法截然不同。早期的國民小學課程標準強調「以讀書為核心」（教育部，1993），九年一貫課程則是「以閱讀為核心」（教育部，2003），兼顧聆聽、說話、作文、寫字等活動的聯繫。不過，國教院宣導簡報仍指出，在「口語表達」、「閱讀」、「寫作」等學習表現中採用混合教學的精神（國家教育研究院，2018/4/10）。

除了這個變革重點之外，新的課綱也重視跨領域的閱讀和寫作。就跨領域的閱讀而言，從在閱讀這項學習表現中，列出了「5-III-11 大量閱讀多元文本，辨識文本中議題的訊息或觀點」和「5-III-12 運用圖書館（室）、科技與網路，進行資料蒐集、解讀與判斷，提升多元文本的閱讀和應用能力」，可稱之為跨領域閱讀的素養，也是所謂多元識讀能力的培養（黃繼仁，2019）。

傳統國語教科書編輯以生字為中心（吳敏而，1990），忽視閱讀理解教學（吳敏而、徐雪貞，1994），在教學時間和教師能力的限制下，較難觸及文章深究和文學鑑賞層次。過往的課程標準或綱要雖然規定混合教學，多數老師並不曉得如何進行混合教學，如同目前的書法教學一樣名存實亡。因此，不再獨尊混合教學法而採用多元教學方法，以及學生自學的篇章作法，能否落實，仍待觀察。

　　而九年一貫課程雖然已有跨領域的規定，即低年級國語教學得併同生活課學習節數彈性實施（教育部，2003），就是運用語文的跨領域特性結合生活學習領域課程，讓學生在生活課時運用聽說讀寫，增加語文使用機會。這項規定係因應並試圖解決低年級國語節數劇減的問題，然而，徒有規定，多數教師並不曉得如何在實務上將兩者結合，並未發揮跨領域的作用（黃繼仁，2005）。

　　若回到課綱總綱當中，並從當代語文教育研究的發展來看，語文教育不能停留在科學或技術的層次而已，即語音、語義和語法的學習，更應重視真實生活的語文應用，即不同語境的靈活應用，換言之，也要有更高層次的學習，如藝術的層次，甚至達到如林語堂所謂的幽默境界；所以，它不應該只是知識或能力的培養，而是一種綜合性的素養，視之為思考媒介藉以深入探究各項議題，無論真實或虛擬、線上或線下，均能適切的互動與溝通，有效參與當代社會的運作，追求共好的社會體制，實踐教育機會均等的理想。

三、跨領域語文教育的師資培育改革

　　語文教育傳統根深柢固，相當穩固。Langer 和 Allington（1992）的分析指出，無論如何努力使教師融入過程導向的語文教育，許多研究卻顯示它甚少落實。我國的混合教學法自 1975 年推廣至今，仍未落實（陳弘昌，1995）。近年來推動的課文本位閱讀理解教學，成效雖已呈現於 2011 年和 2016 年的 PIRLS 報告，但是，受各種內外在實施因素的影響，並未能夠全面地落實（蔡曉楓，2018）。

　　由於教師是教育改革最關鍵的要素，課程的落實仰賴教師對課程的批判性詮釋，形成其知覺課程，因應學生的一般特質和特定需求，據以選擇適切的教學策略和模式，進行觀念的陳述和溝通（黃繼仁，2003；甄曉蘭，2002；Goodlad, Klein, & Tye, 1979; Shulman, 1987）。例如：有關核心素養和領域的核心素養，以及各階段的學習重點，教師要能適當的轉化成為教室的語文教學實踐。

　　從過往改革經驗來看，這並非易事。無論中小學，只要提及閱

讀，通常只想到國語文科，當然就是國語文老師的事；跨領域閱讀和寫作的推動，需要應用於其他學科或領域，例如：數學（劉祥通、黃繼仁、陳明聰，2020）、社會和科學（吳敏而，2013；唐淑華，2017）等，需要不同領域教師的合作，才有可能成功。因為教師的語文教學信念強烈影響其知覺與行動，也與教學實務密切關聯（Harste, Woodward, & Burke, 1984; Reutzel & Sabey, 1996）。換言之，新語文課綱的落實，必然觸及教師語文教學信念的調整與改變。

我國的中小學教師習慣仰賴教科書進行教學，國文教科書的選文容易成為改革的癥結（黃繼仁，2019）。如前所述，小學國語教科書以生字為編輯的核心，而中學階段除了選文之外，字詞解釋也是教學重點；九年一貫課綱雖然重視能力導向，以能力指標為編輯核心；但是，無論中小學，教師仍難擺脫字詞、文法和修辭等技術性的教學。換言之，教師手冊或備課手冊必須調整，從教材內容或能力指標的強調轉而兼顧學習的表現和學習的內容，並強調跨領域的整合。

而新課綱的實施涉及的改變包括整體課程結構和學校文化的更新，更需更新參與者的課程立場與教學理念（甄曉蘭，2002），不只是教師，校長與行政人員也是如此。例如：當代多數學生成長於 3C 產品充斥的環境，新的語文課綱也強調結合資訊科技，可善用部落格或社群媒體，以及電子郵件等工具，產出數位和網路的寫作文章（黃繼仁，2015），目前學校雖然規定的作文檢閱篇數為四至六篇，行政人員應能彈性地調整，在紙本作文之外，納入數位作品的計算。

此外，在資訊社會中，教師若不具備多元識讀知能，教具早已被書商提供的光碟取代，仰賴單槍投影或電子白板的教學運用，容易陷入科技宰制的困境；而在資訊泛濫或假資訊充斥的環境下，教師應善用多元媒體識讀的探究架構（莊雪華、黃繼仁，2012），在語文教學實踐過程中培養學生批判思考的素養。

而且，若要發揮語文教育的探究和跨領域特性，除了教師必須更新其語文教學信念之外，學校也應透過校訂課程的發展，根據不同教育階

段的學習重點進行規劃（林永豐，2017），可以結合課程地圖的運用將閱讀和寫作融入其他學習領域的學習（黃繼仁，2014），進行探究及解決問題。同時，學習評量必須結合多元評量，以評估包含知識、能力和態度的核心素養進展，使學生能學以致用，具備能真實互動與溝通的語文能力。

　　綜上所述，素養導向的國語文教學實踐，攸關此次語文教育改革的成敗與否，有關專業的國語文教學師資培育至為重要，也包括職前教育與在職訓練的課程改革；所以，應該考慮調整教育師資專業課程，並改變其教學實踐的模式，落實此一素養導向的師資培育工作，以實踐新課綱的核心理念。

肆　結論

　　綜括而言，語文的學習除了語音、語義和語法之外，還有語用的項目，但是，若要達到素養導向的目標，最關鍵的則在於語用，涉及語境的問題，才有可能落實素養導向的語文教育。例如：課文教學對於詞語的理解，所謂上下文推論的策略，就和語用所有關聯。而且，素養導向也應是跨領域的聽、說、讀和寫，以語文為思考和探究的媒介，要能進行其他科目或領域的學習。「工欲善其事，必先利其器」，從科學層次入手，還要能達到藝術層次，提高語文教育的境界。

　　當代社會的環境已和過去截然不同，相較於數位原住民的學生，我們只是數位移民而已。傳統以來，識字教育的確是語文教育的基礎，但是，在當代社會變遷的脈絡下，已無法滿足適應現在社會及面對未來挑戰的需求。因此，我們必須改變傳統而單一的語文定義，納入多元識讀的豐富概念，使得素養導向的國語文教育應在基礎語文技能之外，著眼於培養具備國語文素養及高層次知能的學生，使其具備能參與當代社會運作的終身學習能力。

　　而且，語文教育攸關當代社會公平正義理想的實踐，識字能力也和其能否參與當代社會運作，息息相關；但是，隨著貧富的差距愈來愈大，M型化社會來臨，家庭社經地位對孩子的語文學習，也發揮了相當大的主宰作用。因此，在相關政策和制度的制訂，也必須考慮教育機會均等的議題，甚至是有關數位鴻溝的問題解決。

　　為了落實素養導向的語文教育，教師的專業知能相當關鍵。因此，師資培育工作也必須進行相對應的改革，包含職前及在職的師資培育工作。教師除了要熟悉新課綱語文教育的素養導向精神之外，也要了解當代語文教育研究的發展趨勢，適切地反省和調整其語文教學信念，以因應實際教育情境的特性，診斷學生的實際學習需求，設計並規劃適切的語文教學方案，落實於教學實踐活動。

參考文獻

一、中文部分

王美珍（2014）。滑世代，你讀書了嗎？遠見雜誌，**340**。2014年9月30
　　日，取自：http://www.gvm.com.tw/Boardcontent_26222.html。
王開府（2006）。作文教學的危機與轉機─代序。載於王開府、陳麗桂主
　　編，**國文作文教學的理論與實務**（頁V-VI）。臺北市：心理。
老志鈞（2007）。**語文與教學**。臺北市：師大書苑。
何秀煌（1988）。**文化、哲學與方法**。臺北市：東大。
吳敏而（1990）。兒童朗讀國字與注音符號的錯誤分析。華文世界，**56**，
　　23-30。
吳敏而（1994）。由中英文閱讀策略的比較看中文閱讀教學。載於臺灣省
　　國民學校教師研習會編印，**國民小學國語科教材教法研究第三輯**（頁
　　11-27）。臺北：臺灣省國民學校教師研習會。
吳敏而（2013）。多文本閱讀的教學研發。**國立臺北教育大學語文集刊**，

23，123-157。

吳敏而、徐雪貞（1994）。國民小學學生文章理解層次分析。臺灣省國民
　　學校教師研習會編印，**國民小學國語科教材教法研究第三輯**（頁79-
　　91）。臺北市：臺灣省國民學校教師研習會。

李雪莉（2012/7/6）。別搞壞孩子的胃口。天下雜誌，**236**，3頁。取自：
　　https://www.cw.com.tw/article/5040900。

杜淑貞（1986）。**國小作文教學探究**。臺北：學生書局。

林永豐（2017）。核心素養的課程與教學轉化與設計。**教育研究月刊**，
　　275，4-17。

林煥祥、劉聖忠、林素微、李暉（2008）。**臺灣參加PISA 2006成果報
　　告**。行政院國家科學委員會計畫成果報告（NSC 95-2522-S-026-
　　002）。2010年5月28日，取自：http://pisa.nutn.edu.tw/下載資料
　　/2006PISA成果報告.pdf

林語堂（1988）。**生活的藝術**。臺北市：遠景。

林語堂（2008）。浮生若夢。中國大陸：陝西師範大學出版社。

侯文詠（2010）。不乖：**比標準答案更重要的事**。臺北市：皇冠。

思果（1980）。**翻譯研究**。臺北市：大地。

柯華葳（2006）。**教出閱讀力：培養孩子堅實的閱讀力，打開學習之門**。
　　臺北市：天下雜誌。

柯華葳、張郁雯、詹益綾、丘嘉慧（2017）。**PIRLS 2016臺灣四年級學
　　生閱讀素養國家報告**。桃園市：國立中央大學。

柯華葳、詹益綾、丘嘉慧（2013）。**PIRLS 2011報告：臺灣四年級學生
　　閱讀素養**。2014年9月1日，取自：http://lrn.ncu.edu.tw/Teacher%20
　　Web/hwawei/Project/PIRLS 2011報告：臺灣四年級學生閱讀素
　　養.pdf。

柯華葳、詹益綾、張建妤、游婷雅（2009）。**臺灣四年級學生閱讀
　　素養（PIRLS 2006報告）**，第2版。2009年10月27日，取自：
　　http://140.115.78.41/PIRLS%202006%20National%20Report（2nd%20
　　Edition）.pdf

范光棣、湯潮譯（1990）。**哲學探討（L. 維根斯坦著）**。臺北市：水牛。

唐淑華（2017）。培養閱讀素養，何必遠求？從設計一本「以學生為主體」的中學課本開始。**教科書研究**，**10**(2)，1-31。

徐守濤（1996）。兒童作文評鑑的探討。載於黃政傑主編，**國語科教學法**（頁97-106）。臺北：師大書苑。

郝明義（2007）。**越讀者=Reading in the internet age**。臺北市：大塊文化。

國立中央大學學習與教學研究所（2008）。**教育部閱讀教學策略開發與推廣徵選計畫**。 2008年11月1日，取自： http://140.115.107.17:8080/RST/menu/index.php?account=admin&logo=1

國家教育研究院（2018/4/10）。**協力同行解析實踐：十二年國民基本教育課程綱要語文領域—國語文**。取自： https://cirn.moe.edu.tw/Upload/file/26174/70118.pdf。

張新仁（1992）。**寫作教學研究：認知心理學取向**。高雄市：復文。

教育部（1993）。**國民小學課程標準**。臺北：教育部。

教育部（1998）。**國民教育階段九年一貫課程總綱暫行綱要**。臺北：教育部。

教育部（2003）。**國民中小學九年一貫課程綱要**。臺北市：作者。

教育部（2008）。**國民中小學九年一貫課程綱要**。臺北市：作者。

教育部（2014）。**十二年國民基本教育課程綱要總綱**。臺北市：作者。

教育部（2018）。**十二年國民基本教育課程綱要：國民中小學暨普通型高級中等學校語文領域—國語文**。臺北市：作者。

莊雪華、黃繼仁（2012）。媒體識讀教育的發展及在中小學課程與教學的應用。**課程與教學**，**15**(1)，35-66。

陳弘昌（1995）。國語科混合教學法的理論與實際。載於國立臺東師院主編，第一屆小學語文課程教材教法國際學術研討會論文集（頁785-800），臺東。

黃維樑（1984）。**清通與多姿：中文語法修辭論集**。臺北市：時報。

黃繼仁（1997）。美國小學全語言教學之研究。國立臺灣師範大學教育學系碩士論文，未出版。

黃繼仁（2003）。課程慎思應用於教室層級課程實施之研究—以小學低年級教師的語文課程實踐為例。國立臺灣師範大學教育學系博士論文，未出版。

黃繼仁（2005）。「九年一貫課程」的實施概況之研究—以雲嘉南地區小學語文學習領域的實施為例（國科會專題研究計畫成果報告編號：NSC 93-2413-H-415-012）

黃繼仁（2010）。從課程慎思的觀點探討教學藝術的立論及重要性。載於黃政傑主編，教學藝術（頁63-88）。臺北市：五南。

黃繼仁（2014）。課程地圖的理論探源與實務應用：以十二年國教政策的課程實踐為例。課程與教學季刊，17(3)：85-118。

黃繼仁（2015）。部落格應用於小學寫作課程與教學之革新：以學習社群個案研究為例。載於張新仁主編，中小學教學改革（頁215-251）。臺北市：五南。

甄曉蘭（2002）。中小學課程改革與教學革新。臺北市：高等教育。

黃繼仁（2019）。十二年國教課綱架構下語文作為探究媒介的可能性。臺灣教育，718，87-100。

甄曉蘭（2002）。中小學課程改革與教學革新。臺北：高等教育。

甄曉蘭（2003）。課程行動研究：實例與方法解析。臺北市：師大書苑。

甄曉蘭（2004）。課程理論與實務：解構與重建。臺北市：高等教育。

臺灣網路資訊中心（2016/9/22）。2016年臺灣寬頻網路使用調查。2016年12月21日，取自：http://www.twnic.net.tw/download/200307/20160922e.pdf。

劉祥通、黃繼仁、陳明聰（2020）。小學生數學解題的語言因素。載於楊凱琳、左右益主編，閱讀數學：文本、理解與教學（頁75-101）。臺北市：元照。

蔡曉楓（2017）。十二年國民基本教育國語文素養導向教學課程論述與設計理念。教育研究月刊，275，頁99-11。

蔡曉楓（2018）。從讀書到閱讀：國中小國語文閱讀教育趨勢的流變。**教育研究月刊，294**，49-71。

鄭昭明（1993）。**認知心理學：理論與實踐**。臺北市：桂冠。

鄭圓鈴（2013）。**有效閱讀：閱讀理解，如何學？怎麼教**？臺北市：天下雜誌。

親子天下（2016/12/5）。PISA 2015：**數學、科學全球第4、閱讀滑落第23**，臺灣學生欠實作能力。取自：https://flipedu.parenting.com.tw/article/2977。

謝錫金（2008）。政府‧學校‧家長動起來。載於天下雜誌教育基金會編著，**香港閱讀現場：開啓一場新的閱讀實驗**（頁28-42）。臺北：天下雜誌。

蘇伊文、楊裕貿（1994）。**臺灣地區國小五年級學童國語文基本能力調查**。載於臺南師範學院主編，八十二學年度師範學院教育學術語文發表會（頁29-65），臺南。

二、英文部分

Adler, M. J., & Doren, C. V. (1972). *How to read a book: the classic guide to intelligent reading*. New York: Simon & Schuster.

Applebee, A. N. (1996). *Curriculum as conversation: transforming traditions of teaching and learning*. Chicago: The University of Chicago.

Applebee, A. N., & Purves, A. C. (1992). Literature and the English language arts. In P. W. Jackson (Ed.), *Handbook of research on curriculum* (pp. 726-748). New York: MacMillan.

Alvermann, D. E., Unrau, N. J., & Ruddell, R. B. (Eds.) (2013). *Theoretical models and processes of reading, 6th ed*. Newark, DE : International Reading Association.

Botel, M. Botel-Sheppard, B. K. & Renninger, A. B. (1994). Integrating language arts: facilitating change in schools. In L. M. Morrow, J. K. Smith, & L. C. Wilkinson (Eds.). *Integrated language arts: controversy to consen-*

sus (pp.271-293). Boston: Allyn and Bacon.

Chall, J. S. (1996). *Stages of reading development*,(2nd ed) Orlando: Harcourt Brace.

Clay, M. (1972). *Reading: the patterning of complex behavior*. Auckland, New Zealand: Heinemann.

Flower, L. S., & Hayes, J. R. (1981). A cognitive process theory of writing. *College Composition and Communication*, *32*, 365-387.

Freire, P. (1972). *Pedagogy of the oppressed*(trans. by M. B. Ramos). New York: Herder and Herder.

Goodlad, J. I., Klein, M. F., & Tye, K. A. (1979). The domains of curriculum and their study. In J. I. Goodlad and associates. *Curriculum inquiry: the study of curriculum practice*, (pp.43-76). New York: McGraw-Hill.

Goodman, K. S. (1967). Reading: a psycholinguistic guessing game. In F. V. Gollasch (ed.) (1982). *Language and literacy: the selected writings of Kenneth S. Goodman* (Vol. 1, pp. 33-43). Boston: Routledge & Kegan Paul.

Goodman, K. (1986). *What's whole in whole language?* Portsmouth, NH: Heinemann.

Goodman, Y. M., & Goodman, K. S. (1990). Vygotsky in a whole-language perspective. In L. C. Moll (Ed.), *Vygotsky and education: Instructional implications and applications of sociohistorical psychology*,(pp.223-250). New York: Cambridge university press.

Halliday, M. A. K. (1993). Toward a language-based theory of learning. *Linguistics and education*, *5*, 93-116.

Harste, J. C. (2003). What Do We Mean by Literacy Now? *Voices from the Middle*, *10*(3), 8-12.

Harste, J. C., Woodward, V. A., & Burke, C. L. (1984). *Language stories & literacy lessons*. Portsmouth, NH: Heinemann.

Heald-Taylor, G. (1989). *The administrator's guide to whole language*. New

York: Richard C. Owen.

Hillocks, G. (2002). *The testing trap: how state writing assessments control learning*. New York: Teachers College Press.

Hobbs, R., & Frost, R. (2003). Measuring the acquisition of media-literacy skills. *Reading research quarterly*, *38*(3), 330-355.

Langer, J. A., & Allington, R. L. (1992). Curriculum research in writing and reading. In P. W. Jackson (ed.). *Handbook of research on curriculum*, (pp. 687-725). New York: Macmillan.

Levin, D., & Arafeh, S. (2007). The digital disconnect: the widening gap between internet savvy students and their schools. *American Institutes for Research for the Pew Internet & American Life Project.* Washington, DC: Pew Charitable 100 Trust. September 25, 2011. Available: http://www.pewinternet.org/~/media//Files/Reports/2002/PIP_Schools_Internet_ Report.pdf.pdf

Lipa, S. E., Harlin, R., & Lonberger, R. (1991). *The whole language journey*. Markham, ON: Pippin.

MacArthur, C. A. (2006). The effects of new technologies on writing and writing process. In C. A. MacArthur, S. Graham, & J. Fitzgerald (Eds.). *Handbook of writing research*, (pp.248-262). New York : Guilford Press.

Mullis, I. V.S., Martin, M. O., Kennedy, A. M. & Foy, P. (2007). *PIRLS 2006 international report: IEA's Progress in International Reading Literacy Study in Primary Schools in 40 Countries*. December 4, 2007. Available: http://pirls.bc.edu/pirls2006/intl_rpt.html

National Writing Project, & Nagin, C. (2006). *Because writing matters: improving student writing in our schools*. San Francisco: Jossey-Bass.

OECD. (2004). *Learning for tomorrow's world: first results from PISA 2003*. Retrieved December 15, 2004, from: http://www.pisa.oecd.org/dataoecd/1/60/34002216.pdf

OECD. (2007). *PISA 2006 results: executive summary*. December 18,

2007. Available: http://www.pisa.oecd.org/document/2/0,3343, en_32252351_32236191_3971885 0_1_1_1_1,00.html#ES

Prensky, Marc (2001): "Digital Natives, Digital Immigrants". *MCB University Press, 9* (5), 1-6. DOI: http://dx.doi.org/10.1108/10748120110424816

Pressley, M. (1998). *Reading instruction that works: the case for balanced teaching*. New York : Guilford.

Reutzel, D. R., & Sabey, B. (1996). Teacher beliefs and children's concepts about reading: Are they related? *Reading Research and Instruction, 35*(4), 323-342.

Schwab, J. J. (1978). *Science, curriculum, and liberal education: selected essays* (I. Westbury & N. J. Wilkof. Eds. pp. 322-364). Chicago: University of Chicago.

Serim, F. C. (2003). *Information technology for learning: no school left behind*. Ashland,OH.:Big6.

Short, K. G., Harste, J. C., & Burke, C. (1996). *Creating classrooms for authors and inquirers,* (2nd Ed.). Portsmouth, N.H. : Heinemann.

Shulman, L. S. (1987). Knowledge and teaching: Foundations of the new reform. *Harvard Educational Review, 57*(1), 1-22.

Thomas, A. (1991). *Towards a adult literacy policy for Ontario*. A discussion paper. ED 383 863.

Vygotsky, L. S. (1978). *Mind in society: the development of higher psychological processes*. Cambridge, MA: Harvard University Press.

Wells, G. (2000). Dialogic inquiry in education: building on the legacy of Vygotsky. In C. D. Lee, & P. Smagorinsky (Eds.). *Vygotskian perspectives on literacy research: constructing meaning through collaborative inquiry*, (pp. 51-85). Cambridge: Cambridge University Press.

Whitney, A., et al. (2008). Beyond strategies: Teacher practice, writing process, and the influence of inquiry. In M. Cappello & B. Moss (Eds.). *Contemporary readings in literacy education,* (pp.245-264). America: Sage.

問題與討論

1. 語文的學習不是只有表情達意而已，還涉及溝通和互動，有不同情境的應用，舉凡感動人心、風格獨樹一幟或幽默風趣，都要達到藝術層次的境界才有可能，究竟該如何學習才能達到這種層次呢？

2. 當我們在培育師資生學習如何教導學生的語文學習時，除了有關語文的專門知識之外，也應當教導語文教學的相關知識和技能，並透過習作和應用來學習。然而，這種作法僅止於科學層次的學習，如果要達到藝術層次的學習，讓師資生在未來進行語文教育時，不僅重視基礎語文能力，也能發展高層語文能力，因此，這是相當值得探究的議題，究竟應該如何改革師資生的語文教育相關課程？

建議延伸閱讀教材

范光棣、湯潮譯（1990）。**哲學探討**（L.維根斯坦著）。臺北市：水牛。

郝明義（2007）。**越讀者=Reading in the internet age**。臺北市：大塊文化。

黃繼仁（2010）。從課程慎思的觀點探討教學藝術的立論及重要性。載於黃政傑主編，**教學藝術**（頁63-88）。臺北市：五南。

莊雪華、黃繼仁（2012）。媒體識讀教育的發展及在中小學課程與教學的應用。**課程與教學**，**15**(1)，35-66。

黃繼仁（2014）。課程地圖的理論探源與實務應用：以十二年國教政策的課程實踐為例。**課程與教學季刊**，**17**(3)：85-118。

Freire, P. (1972). *Pedagogy of the oppressed* (trans. by M. B. Ramos). New York: Herder and Herder.

第 **5** 章

創意為了誰？
教師個人的創意旅程

葉譯聯
國立嘉義大學教育系專案助理教授

摘　要

　　創造力不管在學術界、商業界，或是教育界都已經被認可是重要的概念，但就如同許多被研究的概念，創造力也是一個好似愈研究愈理解，就愈難以定義的主題。本章節撰寫目的不在於羅列各家研究結果，而是希望能與尚未對創造力深思的讀者一起探究創造力概念，以及從以教師個人的角度分享如何從教學實務中建構創造力以及深化自己的創意潛能。

壹　導論

　　1950 年左右開始，世界各地的學者對創造力已經有相當多元層次的探討，例如：創造力環境影響因素、創造力定義、創造力與文化的關係、從個人脈絡來看創造力等等。而根據《創造力教育白皮書》（2003），臺灣的創造力教育可以遠追溯至 1900 年，但較清楚的創造力教育歷史是從 1950 年的萌芽階段才開始，之後歷經了實驗階段與擴大推展階段，與推動全國性教育相關政策。不過歷經了幾乎 70 年的努力，教育部在白皮書中指出國人對於創造力仍舊存有迷思。不過，迷思不代表創造力相關教育推動是無效的，我從博士班開始接觸創造力概念與創造力教育，一直覺得雖然創造力是個具有研究潛能的主題，但閱讀著前人與學者們的貢獻，看似好像理解了什麼，卻更難具體說出何謂創造力？換言之，愈是探究創造力，其衍生出來的相關理論膨大到讓個人難以理解吸收，在欠缺個人整合轉換研究結果之前，個人是難以從海量的研究結果中去提升個人創造力，甚至可能愈發覺得創造力是遙不可及的。

　　回到 2020 年的現在，教育部正如荼如火推動 108 新課綱，這意味著之前推動的創造力教育落伍了嗎？我反而認為在這教育環境與世界變化急遽的世代，老師個人如何發揮自己的創造力提升自己的教學效能是非常重要的職場適應能力，所以這篇文章所討論的創造力不是如何促進學生的創造力，更想側重的反而是老師個人的創造力，如何將教學實務脈絡中的困難視為挑戰，將自己的教育專業成長視為個人創造力的結果。本篇文章也不是透過提供各種多樣的思考方法或者是教學法給讀者，而是想要從更根本的創造力概念建構以及如何在教學脈絡中，從個人角度思考發展教育專業。為了達到這兩個目的，本文分為大兩部分。第一部分是探討在教育脈絡中常見的創造力迷思去探討創造力，藉由是什麼？不是什麼的思考方式逐步將部分創造力理論簡化說明。關於創造力的相關研究，國內的碩博士論文都已經整理的相當不錯，如果對於創造力有興趣的人，可以多加利用臺灣研究成果。第二部分則是從個人身為教師的角度去探討老師在教學中

怎麼運用自己的創造力去達到有效教學，強調教師如何統整深化已知的教育專業以及多與學生或教學夥伴對話思考的方式增進自己的專業效能，而不是讓自己迷失於過多看似有趣吸睛的教學方法中。

貳　從思考中建構個人創造力概念

就如教育部（2003）所言，臺灣社會培育創造力的環境已相對成熟，但對於認知上仍有可以釐清發展的空間。以下根據我個人教學經驗列出三個關於創造力的論述，並透過討論這三點論述一一釐清關於創造力的一些想法。有些想法可能會導致對於創造力的想法過於狹隘，因此，內文簡稱這些想法是可能的迷思。

- 創造力是天賦或者是與藝術高度結合，難以透過學習發展個人創意。
- 創造力在臺灣的教育實務中，因為升學壓力與追求正確答案的氛圍，難以實施發展。
- 創意教學是教師為了引起學生學習動機的手段，通常是有趣、結合科技的教學策略。

以上三個關於創造力的論點，你同意多少？請留意，我並不是問你是否同意，而是問你同意的程度有多少，主因是因為這些論點有可以成立被支持的脈絡，但也有可能被推翻的情境發生。所以，在閱讀下去之前，從 1 完全不同意到 10 完全同意的向度之間給各個論點一個分數，這分數只是一個了解自己在創造力概念上的位置，甚至可以的話，問問自己為什麼是給出這樣的分數，先活化自己的認知資料庫後，再跟著本文一起建構創造力概念，會比單向的閱讀下去來的有趣的多。

一、創造力是天賦或者是與藝術高度結合，難以透過學習發展個人創意？

關於創造力迷思最常見的應該就是認為創造力只存在於藝術或單

一領域限定的成果（創造力白皮書，2003）。當我們談論到創造力，很可能會想到蘋果商品或梵谷等。這些創造力成品在商業價值或者歷史影響力都令人覺得驚嘆，然而這樣的驚嘆也無形的傳遞著：一般人是很難達到有創意的地步，這潛意識的想法可能就影響了個人對於創造力的假設。Kaufman 和 Beghetto（2009）用四個層次來定義創造力。他們將歷史上已公認的創作者或具有時代影響力的產品定為 Big-C（Big Creativity）；一般人在日常生活中運用的巧思或創意，則稱為 Little-C；Mini-C 是指一般人在對於某樣事務感到有興趣時產生的創造行為或者是內在個人的思考歷程；Pro-C（Professional Creativity）則為在單一領域中能產生的創意成果，例如：廚師或者是室內設計師等。換言之，創造力存於不同層次中，它可存於歷史中的偉大作品，也可存於市面上流通的新創商品，但也同時存於我們日常生活中的思考與行為中。

從歷史名人的角度來解析創造力也會引發另外一種疑慮，認為有創造力的人都有些不正常的特質或者是情緒上的問題，進而被社會排斥（Treffinger, Schoonover, Selby, 2012）。具有創造力的人是需要一些有利創造力發展的人格特質，例如：堅毅、對曖昧的容忍、冒險傾向與個人主義（Lubart, 2003），而這些特質在某些情境並不受到歡迎，尤其是在亞洲文化脈絡下的傳統課室。我在國小擔任四年級導師時，遇到一個非常喜歡機械與思考的孩子。他的座位永遠都布滿了被拆解的小零件，連在音樂課上發現壞掉的口風琴，也跟音樂老師要來拆解。他的成品有可以微電擊人的鋼筆，也有從肩膀延伸至手指的機器手臂。這樣的孩子表現對於單一主題有著濃厚的研究動機，善用手邊的資源，不光是有強烈的創意特質，且具有令人亮眼的創意成果（相較於同年齡的孩子來看）。但這孩子因為太投入在自己的計畫中，導致他在學校生活表現上有些不合群的行為，包含上課分心，還有下課不願意與其他孩子互動，當遇到被責難該盡的責任沒有盡到時，可能還會說謊或自圓其說。從教師與家長觀點，這孩子在學業上不上進，對學習不負責任，可能會是師長眼中的頭痛人物。換個角度來看，相對其他的孩子來說，他是具有較高的創意潛力，這樣的例子就是要說明在無意識中對於創意概念的矛

盾：我們都知道創造力應該要被鼓勵，但在現場實務或者日常生活中，我們對於創意帶來的「困擾」卻是抗拒的，連帶的我們也不會將這些問題行為與創造力表現連結在一起，老師無形之中可能就無法看見學生的創造力可能性，在這樣的情況下，個人創造力的確難以發展。

　　在超過 100 種的創造力定義中，有兩個特質是大部分的學者都公認是創造力的核心特質：(1) 不論是相對於個人或者是單一領域的新穎與想法；(2) 成品在某脈絡下具有實用性（Kaufman & Beghetto, 2009 等）。詹志禹（1999）提供了一個有用的漸進式觀點，認為創意應該是一個循序漸進的過程，我們應該先從個人層次的新穎開始，再進步到將自己的創意想法賦予實用價值，接著就可以再繼續追求文化層次上的新穎，最後才是追求社會價值與實用性。這樣的漸進式觀點給了個人發展創意的可能性，也提醒我們：即便是被社會認可的偉大的創意成品，也是要從創作者自身的創意思考與行為開始的，且也應該要意識到創造力可以存在於歷程，也可以存在於成品之中。雖然我們無法預期個人的創意思考歷程是否會導致創意成果，但結果論不該成為限制自己探索創造力或者是引導學生創造力的阻力之一，身為未來 / 現今的教育工作者，我們需要思考自己是否被自己的創造力迷思綑綁，是否在一開始創意萌芽的階段就扼殺了潛能發展的可能性。

二、創造力在臺灣的教育實務中，因為升學壓力與追求正確答案的氛圍，難以實施發展？

　　從上段所提及的學生案例中，間接點出在教育界不利於個人創造力發展的情況：升學主義與齊頭式的教育。這並非為臺灣教育界獨有的現象，西方教育也是不斷被檢討，被批評現代的學校制度是為了工業經濟發展而延伸出來的培育體制（Robinson, 2011）。現今的教育升學體制較難給予學習者與老師足夠的探索時間，也就較難允許犯錯，也較少有機會從錯誤中挖掘學習價值。錯誤是創造力歷程中無可避免的元素（Ormrod, Anderman, & Anderman, 2019），透過犯錯，我們才能知道哪裡需要

修正，能更有效率監控自己的策略。然而，2019 年 PISA（國際學生評量計畫）報告指出臺灣的學生是全世界最害怕犯錯的結果來看，不敢犯錯只追求正確答案的思維習慣，的確不利於創造力發展。

　　現場中促進創造思考策略非常多種，例如：水平思考、六點思考帽、圖像思考與心智圖法等等（陳龍安，2006），其中腦力激盪是蠻常被推薦的方法，此方法旨在短時間內先延宕判斷以蒐集到最大量的想法，此方法可用於個人思考與團體討論。然而，在教育現場實施需要顧慮到以下幾點：是否有適合的討論問題、是否有足夠的討論時間以及學生是否有具備討論的能力，這些都考驗著需要兼顧進度壓力的老師們。雖然現在教育部大力推動素養導向的教育思維，但這教育思潮轉換之際，升學主義仍在各種層面等待被沖淡，包括學生已經固化的學習習慣、家長的憂慮、教師的專業發展等。在這種情況下，老師還想引導學生的創造力的確是非常高成本且困難的，但這不是說創造力就不可能存在於這樣的教育氛圍中。創造力是否能在教室中被發展，似乎端看教學者對於教育的意義思考深度，以及是如何看待自己的教學。如果一位老師將自己定位在開發學生能力更勝於考試內容或技巧傳授，這樣的思維與心態也許會比較願意將時間、心力投資在學生思考的引導，且願意花時間經歷去發展教學專業，讓自己能在現況壓力與教育藍圖之間找尋可能性，無形之中，即便無意發展創造力，也對教學者與教學場域中帶進新的可能性。

三、創意教學是教師為了引起學生學習動機的手段，通常是有趣、結合科技的教學策略？

　　另一個常見的創意迷思就是認為創造力就是要有趣、吸引人。當提到創造力教學時，很多現場老師第一直覺反應是：我需要去找到很有趣的教學方式。從心理學來看，創造力需要具有某種程度的驚奇才可能被使用者或者評鑑者認為有創意，更精準的來說，感覺到「有趣」的確是大腦對於創意作品的核心反應（Renninger, 2015）。因此，許多老師對於創意教學的第一直覺並沒有錯誤，但這樣的思維脈絡下，有兩件事

情需要釐清。我曾經問過在職的老師們，為何會使用創意教學策略？這些用心的老師提到了一個網路科技進步所引發的問題：現在的小孩子影音媒體刺激過度，教學中如果不使用一些有趣的手法，很難引起學生的注意力或者是學習動機，但這些老師也自己說到，這些手法往往只能有曇花一現的效果，學生很快就失去新鮮感，也因此老師又需要再去蒐集更多有趣的教學策略或遊戲。這樣的觀點點出了創意教學的其中一個面向：跳脫傳統直述式的教學方法，使用對老師或對學生來說是新穎的教學策略。但是，創意教學還有更深的教育核心是緊扣有效教學的內涵（Jeffrey & Craft, 2004），創意教學除了可以使用有趣新奇的教學瞬間抓到學生注意力之外，也應該思考的是如何透過多元方法促使學習發生。

　　這裡有兩個概念是值得去釐清思考的：創意教學（creative teaching）與創造力培育（teaching for creativity）。創意教學是指使用有想像力的方法讓學習變得更有趣且有效，而創造力培育牽涉到老師的教學目的就是要引導學生創意思考或產生創意行為（NACCCE, 1999）。雖然這樣的概念釐清有助於教學者思考自己使用創意的目的究竟是為了教學有效性抑或者是為了發展學生的創造力，但這樣的二分法可能造成教學實務發展上的分化（Jeffrey & Craft, 2004）。學者建議在教學實務上，應該在教學法上將兩者整合考量，換言之，創造力培育的教學中應該會使用到創意教學策略。創造力培育其實是需要周全考量計畫，並非只是單純的使用一些聯想法、腦力激盪或者是有趣的素材拼湊而持的教學方式，其強調的是以學生為本位發展的教法（Collard & Looney, 2014）。具體來說，老師需要重新思考在課室中扮演的角色，不再只是知識給予者，而是能將多元的素材，例如：學生的經驗或合作討論的結果都當成教學素材，或者將教學的場域拉出教室，抑或者是強調情緒的表達與五感的發展等（Thomson, Hall, Jones, Green, 2012），這些方法相較於傳統教法的確是可以歸類於創意教學，但因為他的教學目的，也是屬於創造力培育。

四、小結

本文目前針對關於創造力的常見迷思進行討論，在討論中，筆者試圖用不同的研究理論或結果去描繪創造力可能的樣貌。第一，創造力是人人都可以發展的能力，不是只有特定藝術或科學領域傑出的人才擁有的天賦；第二，創造力在追求標準答案的學習環境中的確是難以發展，身為老師要肩負趕進度的考試壓力之下，較難塑造給學生自由探索與犯錯的環境，但是身為老師，仍可以教育為本的角度思考教育的目的，從老師自身的思維開始反思創造力的可能性與侷限；第三，針對創意教學與創造力培育概念釐清，一方面想點出創意教學不光只是譁眾取寵的教學策略，創意教學需要緊扣有效教學的核心，讓有趣的學習過程仍可以達到教學目標，而不是只達到短暫吸引學生注意力的方法。

藉由三個創造力論點的迷思討論，我試著討論每個迷思可能的成因和討論該迷思更深層的教育議題。關於第一個迷思是想點出既然人人都有發展創意的潛能，身為老師可以從個人思維或日常生活脈絡中去促發自己與學生的創造力可能性。第二迷思是想點出「危機是轉機」的觀點，個人感覺到有問題了，才有新突破的需求，一旦老師能從較高的角度（跳脫趕進度的壓力）思考教育的目的以及找到在侷限現實中發揮自己的創造力，就會比較有動能在現實與理想之間取得平衡。最後的迷思是想點出創造力在教育的可能性不是只有老師要去尋找有趣的教學活動而已，除了有趣、有效的教學，創造力教育更在乎的是老師是否能引導學生的潛力。

創造力是一個多變的概念（Newton & Newton, 2014），我在探究創造力的過程中，常覺得創造力就是一個美女，A 學者覺得美是有不同類型的美，羅列出一堆美的次概念；B 學者描繪了身為美女，會有哪些特質；C 學者建議美就是眉眼之間距離就是要 2.5 公分，還要符合三庭五眼；D 學者說世界各地都有美女，所以呈現了多元的美女圖，然而，在讀了一堆關於美女的分析理論或看了一堆美女圖，卻沒有辦法堆砌出一個活的美女。美可以分析，卻是需要實踐才能繼續存在，也就是說知道

什麼是美後，就需要去實踐如何變美，所知道的才會變得有意義。因此，我建議：與其強記所有關於創造力的相關理論結果，不如將創造力視為一個需要個人建構的知識概念，從自己的生活經驗出發，反思所讀到的創造力相關理論，逐步形成對創造力的多元觀點。接下來文章的重點，是以身為教育工作者的個人角度出發，探索「教育中的專業創造力」的可能性。

參　教師個人的創意之旅

2003 年臺灣《創造力教育白皮書》提及，不論是創新思考、批判思考或解決問題之能力都是未來世界公民的重要基礎能力（教育部，2003，p.1）。而目前的 108 新課綱強調的素養，強調的是教育應該能促進學習者能適應現在生活與面對未來挑戰，使之具備所需的知識、能力與態度。從這些教育脈絡來看，不論是強調問題解決能力、創造力或者是能面對未來挑戰的素養，都是強調發展人的能力，而非將教育解釋為單一的師對生的知識傳授。Newton & Newton（2014）提到教育的目的或重要性是大多數教育者所認可的，但真正的問題是教學工作者究竟應該如何促進學生達到這些教育目的？接下來文章內容，我將反思自己身為教師如何運用個人創造力概念幫助自己建立教育專業的歷程，簡約來說，可分為四大步驟：(1) 建構創造力概念，並隨著教學經驗修正發展創造力概念；(2) 從已知的教育相關概念來理解創造力；(3) 分析理解教育現況，包含理解學生；(4) 找出想解決的教育議題或想發展的教育專業，把教育專業發展視為自己創造力的展現。我想特別說明，這不是線性過程，雖然看似有前後邏輯，但每一個階段的思考其實都會深化創造力概念，而深化過的概念又會促進不同面向的思考與改變實務。

一、先培養自己對於創造力的理解以及「敢創意」的心態

目前對於創造力已經有一些共識，但我們也發現創造力會隨著脈絡或者不同評估的層次產生不同的定義，因此，如果沒有形成自己的初步定義也很難切入創造力。我們可以藉由不同學者的理論架構當作起始點，例如：4P 理論（Mooney,1963）將創造力分成個體（person）、過程（process）、成品（product）與壓力/場域（place）四個面向，讓我們知道創造力會受到很多因素的影響。人人都具有創意潛能，但有些人格特質是比較能促發創意的產生，例如：願意嘗試新事物的傾向與開放的心態。另外，與個人創造力有關的概念之一為自我信念，要先對創造力的概念有開放的心態，才可能會有後續實踐創造力發展的可能性，不論是教師本身或者是學習者，只要抱有「啊～這不可能啦！」的心態，就扼殺了許多改變的可能性，這邊想提醒的是，最困難的部分是當自己下意識覺得什麼事情不可能的時候，意識到自己正在扼殺創造的可能性。

除了信念，尚有許多心理因素會對創造力產生影響。從個人而論，面對挫折的復原力與如何面對未知等習慣會影響創造力的發展（Renninger, 2015）。Renninger 研究指出人都喜歡驚喜，而驚喜是評估創造力很重要的面向，人通常要覺得驚喜，才會覺得對方或者是產品具有創造力。但驚喜這份感受是座落於情緒反應的光譜中，適當的不預期就是驚喜，過度的刺激可能就是驚嚇。就個人創造力而言，如何面對驚喜或驚嚇的下一步，且促進個人能力成長，這就是復原力，而具有復原力的人較有動力去解決問題，打開創意的可能性。

從身為教育工作者的創意發揮來看，已有些關於限制教師發展個人創意或者是創造力培育的元素被羅列出來（Williams, Runco, & Berlow, 2016），例如：老師有課程趕進度的壓力、追求單一正確答案的學習思維與難以跳脫紙筆評量等等。就算教學者很願意嘗試新方法與策略，也可能會感受到學習者的不適應。筆者在嘗試非傳統的教學方法時，也曾經被學生問過：為何不直接告訴我們什麼是最好的答案？為何不直接將

整理好的理論直接告訴我？人都會有種趨向熟悉與穩定的習慣，面對不熟悉與改變，有些人是需要多一些引導去適應。就如前段所提，老師以為的驚喜可能會是學生的驚嚇或無感，而這樣的結果可能不在老師預期的結果中而造成老師感到挫折。這裡又可以回到創意的概念去思考新的概念，每個人對新穎的概念都有所不同，要讓教學現場的參與人都感覺到新奇或者是可接受的，是需要一段時間的努力與持續的溝通。

二、從已知的教育概念來理解創造力

創造力可以視為創造展現，其運用的就是人本身的資源與能力，而不見得是一味追求欠缺的元素或能力。換句話說，教師個人原本的能力或者是已知的教育概念也能幫助創造力理解，本小節以想像力與教育心理學認知歷程舉例。

說到創造力，很多人也會聯想到無拘無束的自由或者是天馬行空的想像力。想像力是創造力的基石，想像力的豐富可能受到兩個認知元素影響：基模與聯想能力，可以把基模發展想像成資料庫的擴張，愈大的資料庫，愈能幫助個體有效率的解決問題，除此之外，也幫助人能預測或想像未來可能發生的事件或模式（Ormrod, Anderman, & Anderman, 2019）。在這樣的前提之下，想像力的豐富性就與生活經驗的多樣性以及學習深度有關係，經驗的事情多，體會的層次多，學習內化足夠，個體在遇到問題的時候就擁有比較大的資料庫可以檢索與聯想相關的訊息以產出想法。這裡想釐清的是，創造力也是需要深度學習作為基礎，要有足夠的認知資源才能有天馬行空的本錢。

Torrance 創造力測驗是以聯想力為主去評估創造力，但光是點子的發想，欠缺了聚斂式思考進一步評估點子，發揮想像力就只是一場遊戲。就如同 Ormrod 等人（2019）所言，創造力與問題解決的共通性都是將所學運用在解決問題上，但兩者之間隱含的發散式思考與聚斂式思考的比例組成不盡相同。在問題解決模式中，較為強調聚斂式思考，有效率地找到解決方案；創造力則是較為強調發散式思考，但也需要運用

批判思考能力去審視發散出來的想法，進一步選擇其中最適合的，而評估牽涉到的能力則是批判思考，考驗思考者是否能從不同的觀點或者是問題的脈絡去思考不同想法之間的優劣。因此，引導學生思考與後設認知也有助於發展創造力。

三、理解學生的多樣性與學生一起建構有意義的學習

前面兩點都還是偏向教師個人對於創造力的理解與認知，而第三、第四大點將學生也納入討論的範疇。身為教育工作者，教學是牽涉到教師與學生兩端，傳統的教學是以老師為主，由老師來決定教學的內容，但老師為了有效教學，需要以學生的學習需求與起始點考量，同時在過程中以學生的學習狀態為主調整教學步調，老師這時需要在教學目標與學生學習狀況之間做出教學決策，不能一味強說自己想傳授的重點或強加自己的價值觀給學生，但也不能完全放任學生引導教學。如果我們就把老師的教學歷程視為老師的創造力展現，那理解學生就是非常重要的一個環節。老師除了對教學現場需要具有一定的掌握度之外，也應該觀察理解不同世代孩子的屬性。現代的孩子可能並非依序思考，而是類似電腦檔案之間互相連結的方式思考與整理資訊，也善於一心多用、多功進行多項事務，也習慣使用網路與他人建立關係（Prensky, 2001）。這也是需要老師清楚認知到的重要脈絡之一，意識到師生世代之間的思考差異，才能更有效運用自己的教育專業去設計符合學生需求的教學方案。

以往的教育需要花大量的時間鋪陳資訊逐步建構學生的理解，但透過網路，學習者可以在短時間內獲得大量的資訊，但檢索到大量資訊不等同學習，可能甚至連「知道」的層次都沒有達到，光是要學著判斷所讀的資訊是否為真就是一門學問。再者，學習不光是外部的資料蒐集，最重要的是個體要能建構自己的理解以及運用所知，甚至將所知遷移到新的情境，促進這些深度學習的發生是當代老師需要發展的專業能力。深度學習與創造力發揮是相輔相成的，透過深度學習，學生才能不是

只從表面去解決問題，進而發揮自己的創意思考解決問題（Ormrod, Anderman, & Anderman, 2019）。換言之，現在的老師角色更多元，要意識到自己的工作目標不再是傳遞知識，而是「還要」教育學生篩選知識、運用知識，這裡以三維度教學模式說明（Erickson & Lanning, 2017）：三維度是指在教學中不能光是注重技能與事實的陳述，需要更進一步引導學生找出資訊或技能之間的概念與通則原理，培養學生真的能運用知識的能力。

四、找出想解決的教育議題或想發展的教育專業，把教育專育發展視為自己創造力的展現

近年來設計思考已經引入教育現場（可參閱親子天下出版之《設計思考：從教育開始的破框思維》），設計思考運用可以從五個階段切入：第一，鼓勵老師先從一個較為宏觀的角度去看待自己的教學困境，尤其是先從同理學生的角度去思考自己的教學會有什麼樣的問題？問題的範圍可以是課程內容，也可以是教室布置如何幫助學生學得更好，更可以是將教育現場視為一個系統，去思考自己如何將家長或者是學校行政納入自己可影響的教學脈絡中。第二階段則是嘗試解讀問題，確認自己有找出關鍵的問題點；第三則是運用腦力激盪法，盡可能產出可以解決問題的方案，且選擇其中一個方案；第四與第五階段則是反覆測試自己的解決方案並根據實施的結果反覆修正可能的作法。在這過程中，老師需要讓自己的思維不斷在發散性與聚斂性之間擺盪遊走，老師可以讓這樣的設計思考融入教育專業精進的歷程中。

筆者認為在創造教學的這階段有四件事情非常重要，第一是需要與其他人交換看法與意見，第二是多與學生對話蒐集更多修正的方向，第三是允許自己失敗後再修正，而失敗後能修正就需要用到第四個能力：後設認知。與他人或學生對話是為了避免個人過於主觀的看法限制了其他可能性，每一個人都可視為一種觀點代表，觀點無關對錯，在與他人交流的過程中，也許會促進自身發現原來自己的思維被所知所感侷

限住了。這裡所謂跟學生對話不是只一定要花很長時間訪問學生，老師可以透過課堂上的互動與形成性評量、課後簡單的問答等理解學生的學習狀況，了解自己的教學設計方案是否達到自己的預期。如果根據互動的資料中顯示自己的教學似乎不是那麼有效，就是能改進的亮點，就如學者們所言，應該將錯誤視為創意過程中不可避免但只是暫時的過程（Kaufman & Beghetto, 2009）。在本文第一部分就提到老師應該容許學生犯錯並從中找到犯錯的價值與意義，老師自身也需要給自己這樣的寬容，好發揮後設認知，進一步思考自己哪裡做的好？哪裡做不好？從這過程中學習到什麼？讓自己在專業成長上不斷進步，無形之中，也傳遞成長思維的身教。

Tanner & Tanner（1980）就曾提出老師在教學歷程上大多會經歷三個層次，新手教師大多依賴教科書，教學也會傾向單向的灌輸知識，且維持固定的教學模式；第二層次的老師開始比較有餘力注意學生的學習情況，並依照情況微調課程，但此階段還是有些固化的思維限制了教學專業發展的空間；第三層次的老師開始意識與體會到共同備課的重要，集體從事課程發展來檢視課程中內容如何排序，使用何種教學策略，最重要的是此階段的老師可以在自己的教學行為中找到意義，並透過統整多樣的素材優化教學。就如同 Jeffery & Craft（2004）引用 1998 年英國國家教育研究基金會報告中的定義，在教育界的專業創造力是老師能敏感的在課程與學生群體之中找到平衡，且能做出適當的回應。具體來說，老師需要思考目前國家課程的走向、每屆學生的屬性與自己教學風格的優缺點和自己的教育專業，並在所有的面向中找到一個中庸的平衡發展自己的教學風格，將工作視為問題解決或發展個人創造力的機會。

肆 為了學生創意之前，先為自己

過往師培過程都非常強調各種教育理論與不同教學法的輸入，但老

師進入到教學現場，往往被現實的複雜搞到焦頭爛額。就如前面所言，老師有備課的壓力，有面對學生每天都不一樣的各式問題，還有來自家長的壓力，有些老師還要兼負行政的責任，光是應付每一天似乎就成了難題，什麼創造力，什麼 108 新課綱，有可能都只感到力有未逮而已。創造力是為了誰？其實本文最想傳達的一個想法是：**創造力是為了自己，老師需要先從自己的角度去發覺自己是如何扼殺創造力，然後進一步培養自己的創造力以後，才可能會有信心去多方培養孩子的創造力而不拘泥在某些創意教學的手法上。**這是為何本文花了這麼長的篇幅先釐清一般對於創造力的迷思，想要先用多元的角度去引導讀者思考創造力的本質，進而鼓勵讀者建立自己對於創造力的觀點。第二部分是從老師個人的角色思考教學，把教學專業發展當作是老師創造力發揮的歷程去說明。目的是想要點出創造力並不是全然的新觀念或者是需要另起爐灶的專業，而是可以從已知的教育心理學中的認知歷程去解釋如何促發創造力，例如思考的盲點、類化遷移與後設認知其實都是有助於創造力發生。

　　很多思考策略，例如：六頂帽子、腦力激盪都是諸多學者推薦的教學策略，但不是只有一味學新的手法才是促進創意教學的方法，老師自己的內在動機與教育專業更是抓到創造力核心的重要面向。關於內在動機，無論是否以促進學生創造力為教學目的，讓教學有效以及對學生有助益都是身為專業教育工作者必須要思考的，為了要達到這樣的目標，老師個人一定會使用到自己的問題解決能力或者是創造力，我們可以說這專業成長的歷程可能是具有創造性的，而老師也有這樣的創造動機。但與老師一開始就設定「自己的教學是要有創意的」的結果導向是不同的，我個人覺得這樣的出發點其實很難達成，如果老師發揮創意的目的是要促進學生進步，而學生的進步又牽涉到更多層面的因素交錯，實在是很難單一歸因學生的進步就是老師一個人的成就。在這樣的情況下，與其追求成為有創意的老師這樣的動機，我更認為老師應該先成為一個能幫助學生學習的老師，然後善用自己的創造力去達成這目標比較恰當，畢竟我們能說我一直在教育專業發展上「求個人層次的新」，不斷

嘗試新的可能性與省思幫助學生學得更好，在這歷程我們落實了自己的創造力。不論是創新教學或者是創造力培育都是為了教學有效，促發真正的學習，而不是只是單純的讓學生在課堂上感到開心或者是獲得短暫的注意力的手段而已。

　　關於把教育專業視為創造歷程的另一個重點是，老師運用本身具備的教育專業，將已知的理論精緻化落實在實務上或將已經純熟的教學風格升級，都也是提升自己教育專業的方式。教育心理學所提及的遷移、類化、批判思考等概念其實也就是促進學生創造力很重要的能力培養，能在教學歷程中逐步提升學生在思考認知上的彈性就已經提高學生發揮創意的可能性。現在108新課綱將課程設計的空間讓出來給老師思考到底該怎麼教學生？希望老師在講述概念與事實的教學習慣上再進一步思考學生學習的意義，這樣的教學思維轉變不容易。就如同我前文所提到的，人有下意識排斥改變、拒絕踏出舒適圈的傾向，所以我們能理解面對這樣教學角色的改變是會引發排斥的心理，但為師者如果自己不懂得在社會變遷中保持自己進步的狀態，又如何教育下一代去面對未知的社會競爭？Howard（2006）說過，老師是無法教導自己都不知道的事情，如果老師本身能試著在這變動快速的大環境中，試著調適自己去改變，善用自己的創造力發展自己的教育專業，就能讓自己先成為活在未來的人，較能成為培養未來人才的推手。在這過程中，一定會經歷到挫折、茫然，但具有創造力的人總是能允許自己犯錯與失敗，再從中修正讓自己更貼近目標。願意改變自己的老師也一定要給自己犯錯的空間，勇敢與學生或教學夥伴對話，保持進步的動力。雖然教育中很難追求Big-C的成果，但每天每堂課其實都在啟發無數的Little-C與Mini-C，這些都是未來的創意希望與潛能。

參考文獻

一、中文部分

陳龍安（2006）。**創造思考教學的理論與實際**（第六版）。心理。

教育部（2003）。**創造力教育白皮書**。教育部。

親子天下編輯部，臺大創新設計學院與DFC臺灣團隊（2017）。**設計思考：從教育開始的破框思維**。親子天下。

Lubart, T. I.（2007）。創意心理學（蔣國英譯）。遠流。（原著出版於2003年）

二、英文部分

Erickson, H. L., Lanning, L. A., & French, R. (2017). *Concept-based curriculum and instruction for the thinking classroom*. Corwin Press.

Jeffrey, B., & Craft, A. (2004). Teaching creatively and teaching for creativity: distinctions and relationships. *Educational Studies*, *30*(1), 77-87.

Kaufman, J. C., & Beghetto, R. A. (2009). Beyond big and little: The four C model of creativity. *Review of General Psychology*, *13*(1), 1-12.

Kaufman, J. C., & Beghetto, R. A. (2009). Creativity in the schools: A rapidly developing area of positive psychology.In R. Gilman, E.S. Huebner, & M.J. Furlong (Eds.), *Handbook of positive psychology in schools* (pp. 175-188). Routledge.

Luna, T., & Renninger, L. (2015). *Surprise: Embrace the unpredictable and engineer the unexpected*. TarcherPerigee.

Mooney, R. L. (1963). A conceptual model for integrating four approaches to the identification of creative talent. In C. W. Taylor & F. Barron (Eds.), *Scientific creativity: Its recognition and development* (pp. 331-340). Wiley and Sons.

NACCCE (1999). *All our futures: creativity, culture and education*. London, DfEE.

Collard, P., & Looney, J. (2014). Nurturing creativity in education. *European Journal of Education*, *49*(3), 348-364.

Newton, L. D., & Newton, D. P. (2014). Creativity in 21 st-century education. *Prospects*, *44*(4), 575-589.

Ormrod, J. E., Anderman, E. M., & Anderman, L. H. (2019). *Educational psychology: Developing learners*. Pearson.

Prensky, M. (2001). Digital natives, digital immigrants part 1. *On the horizon*, *9*(5), 1-6.

Robinson, K., & Lee, J. R. (2011). *Out of our minds*. Tantor Media, Incorporated.

Tanner, D., & Tanner, L. N. (1980). *Curriculum development: Theory into practice*. Macmillan College.

Thomson, P., Hall, C., Jones, K., & Sefton-Green, J. (2012). *The Signature Pedagogies Project: Final Report*. Newcastle: CCE.

Treffinger, D. J., Schoonover, P. F., & Selby, E. C. (2012). *Educating for Creativity and Innovation*. Prufrock Press.

Williams, R., Runco, M. A., & Berlow, E. (2016). Mapping the themes, impact, and cohesion of creativity research over the last 25 years. *Creativity Research Journal*, *28*(4), 385-394.

問題與討論

1. 請選擇一個你認為有創造力的人，運用4P理論去分析他／她的創意歷程與成果，並分享這個案例對你的創造力概念有何影響。

2. 請思考生活中的創造力與教育職場上的創造力有何異同？

建議延伸閱讀教材

陳龍安（2006）。創造思考教學的理論與實際（第六版）。心理。

親子天下編輯部，臺大創新設計學院與DFC臺灣團隊（2017）。設計思
　　考：從教育開始的破框思維。親子天下。

第 **6** 章

命中注定？成敗歸因的本土化詮釋及其生命教育意涵

蔡明昌
國立嘉義大學師資培育中心教授

摘　要

　　面對生命中的成功與失敗，「命中注定」的想法是逃避還是慰藉？是積極還是消極？教育的功能之一，既在於輔導學生能夠安身立命，那麼，就有必要幫助學生建立未來在人生旅途中，面對生命中重要事件的成功與失敗時的適切的態度，這也是生命教育課程中的重要素養。本文從既有的成敗歸因理論進行爬梳，加入傳統文化中對命運見解的元素，綜合提出一套詮釋面對生命中重要事件時的成敗歸因架構，並進一步就如何在生命教育上運用此架構，協助學生進行討論。

壹　導論

人一生的過程中，無可避免的要面對許多成功與失敗的情境，而且，從經驗來看，面對失敗的機會似乎要比面對成功的機會高出不少。面對成功的時候，你會怎麼想呢？是覺得自己「才能出眾」？還是「努力終於有代價」？或是在心中暗稱「僥倖」？而面對失敗的時候呢？你會不會有「運氣欠佳」之嘆？還是自責自己「不夠努力」？抑或是覺得自己已經「江郎才盡」了呢？

人是一種尋求意義的動物，因此，在其生活經驗中，會不斷地觀察自己和他人的行為，並蒐集相關的線索，對於該行為背後的原因加以推測，在心理學上稱之為「歸因」（attribution），當歸因的對象是自己，而且是針對自己的成功與失敗事件進行原因的推敲時，就稱之為成敗歸因（attribution of success or failure）。成敗歸因重不重要呢？當然很重要！一個人對於自己成功或失敗的歸因，對於他未來面對類似情境的行為，二者之間會有很大的關聯性。例如：當小明在數學考滿分時，認為原因是因為自己是一個數學小天才，我們可以想像小明在面對下次的數學考試時，應該會很有自信；相反的，如果小明認為自己數學之所以考滿分，是自己努力不懈的結果，那麼如果他想要在下次的數學考試獲得高分，他就會繼續努力，更重要的是，他會相信，在數學這個科目中，透過這種自己可以控制的因素：「努力」，就可以達到想要達成的目標。當然，你也可以從另外一個方向思考一下，如果是面對失敗的情境呢？不同的成敗歸因，可能會造成哪些不一樣的後果？

在一般學校教育的情境中，成敗歸因所處理的議題大多是跟學業或課業有關的主題，因此，在教育心理學上有關成敗歸因的理論所提出的影響成敗因素，自然適於討論跟學業或課業相關主題的成敗問題。但是，人生中的許多成敗情境並不僅限於課業，在課業之外，諸如擇偶、就業、健康等相關事件，其重要性均不亞於學校課業，這也正是生命教育的重要內涵。教育的目的之一，應該在於引導學生建立自己安身立命之道，那麼，

上述生命中關乎成敗的「人生大事」，其實都是值得進行成敗歸因討論的。

在成敗歸因的相關理論之中，學者 Weiner 自 1970 年代以來所發展的成敗歸因理論最具代表性，對於解釋學生的課業成敗，以及學習動機的論述上，這個理論獲得許多實證研究的支持，也就是說，Weiner 的成敗歸因理論在解釋學生的課業成敗以及學習動機上，是頗貼近實際現象的。但是，除了課業外的人生重要事件，其歸因的內涵似乎還要更複雜一些，Weiner 的成敗歸因理論是否足以勝任解釋生命其他重大事件的理論基礎，值得商榷。國人在解釋這些事件的成敗時，有將「命運」的概念加進來解釋的趨勢，因此，把傳統的命運觀合併既有的成敗歸因理論，作為一種生命重大事件成敗的本土化詮釋基礎，應該有其必要。

然而，緊接而來的問題是，當我們將「命運（或命中注定）」的概念納入生命重大事件的成敗歸因詮釋時，在教育與輔導上會面臨什麼樣的問題呢？試著想想，一個抱著命中注定信念的人，當他功成名就時會怎麼想？而當他懷才不遇時，又會怎麼想？從另一個角度來看，對一個認為自己在婚姻上遇人不淑的人而言，三世因果的信念比較能讓他從現況的基礎中尋找自處之道（娶錯妻、嫁錯郎都是前世相欠債，今生來償還的）？還是認為只是純粹運氣欠佳（所以下一個可能會更好？）所致？哪一種歸因對當事人有較正面的影響呢？

在教育上，這是一件很值得探討的事，一般而言，我們對於學生（或任何年齡層的學習者）都應該鼓勵他們全力以赴的朝目標邁進，因此，「努力」此一因素通常被視為較適切的歸因，因為按照 Weiner 的成敗歸因理論來說，「努力」是「內在、可控制且不穩定」的因素，當學生對自己的成敗做「努力」歸因時，就會有成敗事操之在自己手中的信念。乍看之下，學生以自身的「努力與否」來為自己的成敗負責，這當然是一件好事，但是，我們是否想過（或在生命的歷練中是否經驗過），人生中有許多事不是透過自己努力就可以控制的，當「再怎麼努力都沒用」的事件發生時，一個人（或學生）應該怎樣自處呢？此時，以傳統的命運觀或可為自己無能為力的生命中的苦難或無奈找一個理

由，是有其慰藉作用的，這或許也是尼采的「知道為何，忍受任何」的另類解釋，然而，我們是否也該想想，這種具有慰藉作用的理由，也適足以作為凡事消極退縮的宿命論藉口，而應驗了馬克思的「人民的鴉片」之譏呢？

　　基於上述，本文將先從既有的成敗歸因理論進行爬梳，再進一步就傳統的命運觀點進行探討，試著將其融入既有的成敗歸因理論之中，作為一種成敗歸因的本土化詮釋基礎，最後，論述此一本土化的成敗歸因詮釋在生命教育上的意涵。

（貳） 成敗歸因理論

　　1972 年，Weiner 在一篇名為〈歸因理論、成就動機及教育的過程〉的論文中提出了一個以個體「自己」為對象，並將事件結果區分為成功與失敗的歸因理論，因為歸因的對象是自己，而且是對於自己的成功與失敗的原因進行歸納，因此，這個理論被稱為自我歸因理論（self-attribution theory）或成敗歸因理論（attribution theory of success or failure）（Weiner, 1972）。這個理論自 70 年代發展以來，在教育及心理輔導領域的影響層面甚廣，許多學者也以該理論為基礎，進行相關的實證研究，其研究主題包含了學業成就、學習動機、學業自我概念、學業冒險取向、學習失敗忍受力等變項與成敗歸因間的關係（郭生玉，1984、1996；陳永發，1996；戴弘政，2012；Williams, Burden, Poulet, & Maun, 2004; Maidinsah, Embong, & Wahab, 2014）。Weiner（2010）本人亦指出，自成敗歸因理論提出後，實證性研究的結果大都支持理論的基本架構，可見成敗歸因理論的影響力及重要性。

　　成敗歸因理論在發展之初，Weiner 提出了能力（ability）、努力（effort）、工作難度（task difficulty）、及運氣（luck）四大因素的理論架構，指出此四個因素是個體對自己成敗歸因時最重要的四個因素，

當一個人評估自己在某一件工作（task）的成敗原因時，通常會考量到自己夠不夠努力？有沒有能力？工作難不難？或當時的運氣好不好？Weiner（1972）在理論中使用了因素來源（locus，分內、外在）與穩定性（stability，分穩定與不穩定）兩個向度來將這四個因素進行歸納，如表1所示，努力是內在但不穩定的，也就是屬於個人內在的，但是會因不同的情境而有所變化；而能力雖也是屬於個人內在的，但是卻是一個穩定因素，也就是說，一個人的能力是不易變化的，尤其在短期內急遽變化，更是不易；相對而言，工作難度是一種外在因素，不是個人內在的特質或狀態，但同一件工作（例如：全民英檢中高級）的工作難度應該是頗為穩定的；而運氣同樣是外在因素，但其好壞是隨時在變化的。

表1　Weiner（1972）成敗歸因理論四大因素架構

穩定性＼因素來源	內在	外在
穩定	能力	工作難度
不穩定	努力	運氣

基本上，這是個體在評估自己成敗原因時的良好架構，在一般的生活事件上，尤其是與學業有關的成敗經驗，其成功或失敗的具體原因雖然有許多，但大抵可以歸納為上述的這四個因素。在一篇回顧的文獻中，Weiner（2010）指出，進行成敗歸因時，因素來源與穩定性，會影響一個人的自尊心（pride）或價值感（value），也會影響個體未來對成敗的預期（expectancy）。舉例而言，當面臨成功情境時，若個體歸因為內在因素（因能力佳而成功、或因夠努力而成功），則能更增加自己的自尊心和價值感；但如果個體將成功的原因解釋為運氣好或任務的難度低（即外在因素），則即使不會降低自己的自尊心和價值感，也應該難有提高之效果。相反地，當面臨失敗情境時，如果個體將原因歸納為不穩定因素（因不夠努力或運氣不好而失敗），那麼未來面臨同樣性質的挑戰時，其成敗可能會有所改變（因為影響因素為不穩定），因此，

個體心中將會有可能成功的預期，但如果他將失敗歸因為穩定因素（能力不夠而失敗或工作難度太高而失敗），那麼，在這兩個因素穩定不易變化的情況下，未來面臨同樣性質的挑戰時，其再度的失敗也是可以預期的。

　　後來 Weiner 進一步參考 Rotter（1966）的控制源（locus of control）觀點，在上述的理論中加入可控制性（controllability，分可控制、不可控制）作為成敗歸因的第三個向度，並加入身心狀況及其他因素進行探討。所謂的可控制性，是指個體在針對自己的成敗原因所歸納的因素，是否可為自己本身所控制，Weiner（1979）認為，在成敗歸因的六個因素中，只有「努力」是個體可以控制的，也就是個體可以決定自己努力或不努力，但其他因素，諸如能力、運氣、工作難度、或身心狀況，則不是個體所能控制的。當個體進行成敗歸因時，因素的可控制性，則可能使個體感受到羞愧（shame）、內疚（guilt）等情緒（Weiner, 2010），這種說法並不難理解，既然趨成避敗是人之常情，當成敗的關鍵因素是自己可以控制與決定時（在 Weiner 的理論架構中，該因素即是「努力」），在可控制（努力）卻不控制（不努力）而導致的失敗，其壓力會由個體所承擔，將可能使當事人感到羞愧或內疚。綜言之，Weiner 的成敗歸因理論的「因素來源」、「穩定性」及「可控制性」等三個向度與能力、努力、工作難度、運氣、身心狀況、及其他等六大因素的對應如表 2 所示：

表 2　Weiner 成敗歸因理論三向度與六大因素對應表

因素來源	穩定性	可控制性	因素
內在因素	穩定	可控制	
		不可控制	能力
	不穩定	可控制	努力
		不可控制	身心狀況
外在因素	穩定	可控制	
		不可控制	工作難度
	不穩定	可控制	
		不可控制	運氣、其他

參　傳統命運觀點

　　「命運」一詞，是一般生活中常用的語彙，根據《中華語文大辭典》的解釋，其主要的意涵係指一個人在一生中生死、榮辱、吉凶、禍福、貧富、貴賤的遭遇。此一解釋雖然可以讓我們了解命運一詞的基本內涵，但是仍有許多尚待釐清的問題。首先，命運是事先決定好了的嗎？其次，如果命運是事先決定好了的，那麼，是誰決定的？第三，決定的依據又是如何？第四，命運如果不是事先決定好了的，那麼命運何時？又由誰來決定？第五，命運受到哪些因素的影響？一個人可以控制自己的命運嗎？神或上帝可以決定一個人的命運嗎？基本上，個體對於自己一生中的禍福遭遇，並沒有百分之百的控制力，因此，身為一個異於禽獸的人，除了以純機率觀點看待命運之外，終其一生，恐怕很難以迴避探討「命運」這一個人生議題。何善蒙（2012）即指出命運是一個不可規避的永恆性問題，各人類文明對於命運，大都會逐漸發展出其解釋的方式。

　　從我國傳統文化來看，先秦時代就已經進行「命運」的討論了，主要以「天命」的觀點呈現。例如：《尚書‧商書‧盤庚》中就有「先王

有服，恪謹天命」的說法，主要的意旨就是天命必須遵守，不可違逆，即使是貴為天子，都要遵守上天的旨意。但是，天威通常是難測的，作為一個人，面對這種情況時，通常不禁會問，「老天爺為什麼會有這樣的旨意呢？」於是，在「天命靡常」的傳統思想之外，逐漸發展出「以德配天」的說法，也就是把人類的道德行為作為天命的依據。《尚書·伊訓》中提到「惟上帝不常，作善降之百祥，作不善降之百殃」，以及《周易》中的「積善之家，必有餘慶，積不善之家，必有餘殃」，皆是此一觀點的呈現（蔡明昌，2020）。在這裡，一個人命運的良窳，是老天爺根據其道德表現加以獎勵或懲戒的結果，也即是說，當一個人遭逢厄運時，雖然是禍從天降，卻也是咎由自取的。

但是，這樣的說法是否圓滿呢？一個人的道德行為表現，可以完全決定自己的命運嗎？在現實生活中，常常可以看到許多為非作歹卻享盡榮華富貴、德高行潔卻貧病交加的事例，就如同王充在《論衡》中所言，「才高行潔，不可保必尊貴，能薄操濁，不可保必卑賤」，如此一來，這讓我們這些異於禽獸的人又不禁要問，老天爺為什麼會這樣呢？其實這是一個「德福一致性」的議題，上述的傳統文化命運觀點，雖然將命運從「無常」注入道德的元素，但卻無法圓滿的解釋德、福不一致的情況，人們因而逐漸會對此觀點的確信性起疑（杜時忠、程紅艷，2007；劉滌凡，1999），因此，傳統文化命運觀點仍需要繼續加以精煉，才能有一套較能自圓其說的說法，因此，在佛教東傳以及道教興起之後，傳統命運觀受到二者的影響，逐漸發展出「三世因果」及「承負」兩種觀點，對於德、福不一致的命運問題，才有較圓滿的解釋（何善蒙，2012；徐明生，2008）。

在佛教教義中，有一種源自於印度的吠陀時期（Vedic period, 1500 B.C.）的因果報應思想，認為個體對自己所有的行為皆有其責任，因而須承擔其所導致的幸福或災難（Paranjpe, 1998），其實，這種說法和上述我國傳統命運觀非常相似，都是主張「善有善報、惡有惡報」的，但是這兩種源自於中國及印度古文明的命運觀點，仍有差異之處，我國傳統的「以德配天」觀點相信有一個懲惡揚善的主體，即「天」的存在，

而印度的傳統命運思想則認為因果報應是由「非個人」及「形而上」
的自然法則所決定（蔡明昌，2020）。但是，不論命運是由「天」所決
定，或依據「非個人」、「形而上」的自然法則所運行，這兩種說法皆
仍未能圓滿地解釋德、福不一致的命運問題。所不同的是，佛教教義中
「因果報應」結合了「依業輪迴」的思想，二者所構成的「三世因果」
觀點，巧妙地為德、福不一致的現實情況，提供了一套自圓其說的解
釋。

　　佛教的三世因果思想主要透過「業力」、「果報」與「輪迴」等
重要概念來呈現，認為一個人的命運，導因於包括前世在內的先前作
為，而今生現世的作為，則會影響包括來生在內的之後境遇（Kakar &
Kakar, 2007）。所謂「業力」，不只是指個體的外顯行為而已，還包括
內在的意識活動，可分為身業、口業、意業三種，也就是說，一個人的
身體、言語、意識等活動，都會形成業力。而業力的累積會進一步導致
「果報」，二者之間形成一種因果關係，而果報的時間點從「輪迴」的
觀點來看，則可以從現世報擴充至來世報（或經二世以上才報），輪迴
貫通前生、今生與來生三世，芸芸眾生依據自己所造的業力在六道中輪
迴，來世不一定生而為人，可能是畜生、餓鬼等，一方面接受自己的果
報，一方面又繼續造業，因而累世繼續輪迴。上述這種佛教觀點，與我
國傳統固有的天命觀點，除了將生命的格局擴充至前世與來生，以圓滿
報應的德、福一致之外，也不再以「天」（老天爺）作為決定因果報應
的主宰，而是以「業─報」的自然法則所規範，因此，不再是全然逆來
順受的「聽天由命」，而是「各人造業各人擔」！只是，依據這個說法，
或許你會質疑，當我們對於自己前世一無所知，卻要在今生承受前世的
因所造成的果，這和全然逆來順受的「聽天由命」又有什麼不同呢？其
實，二者之間最大的差異，來自於相信與理解，亦即相信自己今生的命
運與前世的業力有關，進而理解（或說服自己）今生命運良窳的緣由，
為自己的幸福與苦難（通常是苦難）找到一個可接受的理由，這也是佛
教觀點在撫慰人心上的巧妙之處。

　　除了佛教的三世因果思想之外，源自於我國傳統道教思想的「承

負」之說，則是另一個解決傳統天命觀點中「德、福不一致」問題的說法。其實，這種「承負」的說法是國人都非常熟悉的觀點，所謂「承」，我們可以將其理解為「子孫承擔祖先善惡行為所帶來的後果」，而「負」，則是祖先善惡行為對於後代子孫產生影響，其實二者間是一體而兩面的（徐明生，2008；趙春娥，2008；陳昱全，2011；張俊，2004）。在傳統華人社會中，「家」是一個非常重要的社會單位，甚至連因果報應，都是以「家」為單位來進行，於是有《周易》中所提及「積善之家，必有餘慶，積不善之家，必有餘殃」的說法，這是以家族為因果報應的受報主體加以推展的。這種承負之說的雛型，至道教興起後，有了更明確的說法，道教典籍《太平經》中有關天道循環、善惡承負的文字，提到「承者為前，負者為後，承者，乃謂先人本承天而行，小小失之，不自知，用日積久，相聚為多，今後生人反無辜蒙其過謫，連傳被其災，故前為承，後為負也。負者，乃先人負於後生者也……」，以及「凡人之行，或有力行善，反常得惡，或有力行惡，反得善，因自言為賢者非也。力行善反得惡者，是承負先人之過，流災前後積來害此人也。其行惡反得善者，是先人深有積蓄大功，來流及此人也。」這兩段文字提供了當德、福不一致的情況發生時的解套說法，當一個人為善卻未有善報（甚至遭逢厄運）時，可能是其家族祖先累積了許多惡行，因而殃及子孫，相反的，當一個人為惡卻未有惡報（甚至好運連連），則可能是家族祖先累積了許多善行，因而庇蔭後代子孫。

　　上述這種「承負」之說與與佛教的輪迴果報觀點雖然在解釋命運的「機制」上有差異，但二者對於「善有惡報」或「惡卻善終」的德、福不一致現象，均提出了一套不完全宿命論的圓滿解釋，所不同者在於道教的承負之說，充分表現出我國重視家族的傳統，以「家」作為因果報應的受報主體。而佛教的輪迴果報觀點強調因果報應的承受者是個體本身，他人不必、也無法代受（林偉，2006），不同於華人傳統文化中的「祖上積德」或「殃及子孫」的承負之說。然而，無論是道教的「承負」之說或佛教的輪迴果報觀點，皆有將生命的格局加以擴充的趨勢，佛教以輪迴的觀點，將生命格局擴至前世與來生，道教的「承負」之說，則

將生命的格局擴展至祖先與子孫，二者頗有異曲同工之妙，也形成了國人在理解命運時，一個非常具有文化特色的特殊觀點。我們可以想像，當生命中出現重大的成敗經驗，尤其是當事人無可奈何的失敗經驗時，這種傳統的命運觀點，極有可能在其成敗歸因的脈絡中，占有一席之地。例如在筆者針對大學生所進行的果報信念的調查研究結果顯示，我國大學生對於果報信念中的現世報應、死後報應、子孫承負及創造命運的說法，是傾向抱持著相信的態度（蔡明昌，2018）；而由 1994 年開始，至 2014 年共五次的「臺灣地區社會變遷基本調查」中，針對「一個人為善為惡會影響後代子孫的幸福」、「為善為惡會影響一個人下輩子的命運」等題目的反應，歷次以來的調查結果也呈現出國人普遍傾向接受基本的果報觀點，而且對於承負之說的接受度，有高於三世因果報應之說的趨勢（瞿海源主編，1994；傅仰止、杜素豪主編，2009；傅仰止、章英華、杜素豪、廖培珊主編，2014）。可見傳統命運觀點在國人成敗歸因過程中的重要性，但這卻是前述的成敗歸因理論的架構中所缺乏的。

（肆）成敗歸因的本土化修正

從上面的討論中，我們不難發現 Weiner（1982）所提出的能力、努力、工作難度、運氣、身心狀況、及其他等六大因素的成敗歸因理論雖然在解釋與教育、學業有關的成敗經驗時，是頗難得的理論架構完整，但是當我們把成敗的情境擴充至生命中的重大事件，諸如婚姻、事業、健康等事件時，在傳統命運觀點的影響下，國人在進行成敗歸因時，很可能會將傳統的因果報應、子孫承負觀點納入考量。因此，如果能夠以Weiner 的成敗歸因理論為基礎，加入本土化的傳統命運觀點，將其修正為適用於國人進行成敗歸因的理論架構，對於未來教育與輔導，應該有相當程度的啟示性意義。

一般而言，在教育的過程中，較重視「人定勝天」信念的培養，事

實上，在生命歷程中，的確有相當大的比例的成敗經驗，是可以操控在自己身上的，亦即 Weiner 成敗歸因理論中的「努力」因素。但是無可諱言的，還是有許多個體無法控制的內外在因素，這些因素有些是較穩定的（例如能力、工作難度），有些是易有變化的（例如身心狀況、運氣等），其中，在進行成敗歸因的本土化修正時，最值得進一步討論的就是「運氣」因素，在 Weine 的三項度理論架構中，「運氣」屬於「外在─不穩定─不可控制」因素，在意義上較為接近我國傳統命運觀點的意涵，但卻又不盡相同，有需要加以擴充。

在意涵上，「運氣」既不穩定又不可控制，在性質上屬於純粹的或然率，也就是我們口語上的「碰運氣」，但是筆者認為，在解釋生命中重大事件的成敗時，傳統命運觀點中的因果報應（包括承負）、神明保佑以及宿命觀，在內涵上與運氣是有所差異的，因此，在針對 Weiner 的成敗歸因理論進行本土化修正時，嘗試著加入「可理解性」（understandability）向度加以擴充。筆者認為我國傳統文化中的命運觀點，在本質上為「理解」，也就是希望能理解那些「不可控制」因素之所以會產生的原因，當然，此處所謂的「理解」，其深層的意涵取決於個體的主觀相信，而不是因素產生的客觀原因（蔡明昌，2020）。

首先，屬於「外在─不穩定─不可控制」因素之「運氣」因素，在傳統文化中有求神明保佑運勢的「神佑」因素的另一種解釋，但兩者在本質上是有差異的，二者同樣是外在因素，也同樣具有不可控制、不穩定（雖然是有拜有保庇，但有時也神意難測）的性質，但「運氣」因素的產生是難以理解的，但「神佑」因素的產生，則可以理解為求神拜佛之故。其次，筆者認為在傳統文化命運觀點中，佛教的業報與道教的承負觀點，在本質上都是一種「果報」的因素，在日常生活情境中，有將其一併考量的趨勢。雖然承負觀點所指涉的係祖先的作為由後代子孫承負其功過，但在傳統文化「以家族為考量單位」的思維上，仍然是一種「內在於家族」的因素，因此筆者認為應該將其與佛教的業報觀結合為「果報」因素，置於「內在─穩定─不可控制─可理解」向度中。再者，「宿命」因素是對於成功與失敗抱持著天生註定的看法，個體對於這種

天生註定的原因無法理解，因此，屬於「外在—穩定—不可控制—難以理解」的向度，該因素與「運氣」因素的差異在於其穩定性，「宿命」因素屬於穩定且無法改變的，而「運氣」則因為有好壞，因此則屬於不穩定向度。

　　至於原屬於 Weiner 成敗歸因理論中，除了「其他」因素之外的五個主要因素（「其他」因素範圍過於廣泛，難以論定），在「可理解性」向度中，應該置於哪一個位置呢？筆者認為，「努力」是操之在己的因素，因此在性質上是可理解的；「能力」雖然不可控制，但是對於能力因素所指涉的諸如智力、人格、體質等身心特質，通常與天生的基因與遺傳有關，因此在性質上亦是屬於可理解的；至於「工作難度」因素，一項工作的難易程度應該是客觀而且可以理解的；「身心狀況」在「可理解性」向度上則較難以論定，有時個體可以明確的理解，在成敗關鍵情境上，自己為何會有如此的身心狀況（例如感冒、發燒、腹痛等），有時卻對於自己當時為何會有如此的身心狀況，無法理解其原因（例如無緣由的頭暈、分心等）；最後，「運氣」因素，因為基於純粹機率性使然，因此屬於難以理解的因素。

　　基於上述，如果將 Weiner 成敗歸因理論中的「因素來源」、「穩定性」及「可控制性」三個向度，增加一個「可理解性」向度，以指稱該因素產生的可理解性，應可適切地將我國傳統文化中的命運觀點融入該理論架構中，形成一個解釋華人成敗歸因的本土化架構，如表 3 所示（蔡明昌，2020）。

伍　本土化的成敗歸因詮釋在生命教育上的意涵（代結語）

　　人在一生中不斷地需要面對成功與失敗的情境，在一般教育的經驗中，大抵有將成敗經驗歸因於個體的「努力」因素的傾向，這原本是一種積極的歸因態度，因為將成敗歸因於能夠操之在己的「努力」因素，

表3　成敗歸因的本土化修正架構

因素來源	穩定性	可控制性	因素產生的可理解性	因素
內在因素	穩定	可控制		
		不可控制	可理解	能力、果報
	不穩定	可控制	可理解	努力
		不可控制	視情況而定	身心狀況
外在因素	穩定	可控制		
		不可控制	難以理解	宿命
			可理解	工作難度
	不穩定	可控制		
		不可控制	可理解	神佑
			難以理解	運氣

個體對於自己的人生較能夠有掌握感。然而，平心而論，人生中有若干事件的成敗不見得能夠完全操之在己的，除了工作的難度與運氣因素之外，即便是「能力」因素，因為其穩定卻不可控制的特性，在失敗時就可能引發個體的習得性無助感（helplessness），此時，個體所需要的其實是為無法操之在己的失敗情境尋求一個自己可以接受的理由。即使在西方基督宗教的思考脈絡中，在面對人生的苦難或逆境時，也發展出了「上帝自有安排」或「一切都是最好的安排」的觀點來因應。

在傳統文化的思維脈絡中，以「宿命」、「果報」或「承負」的觀點來面對成敗經驗（尤其是失敗經驗），與上述的「上帝自有安排」，其實是有異曲同工之妙。然而，宿命觀不易解釋現實情境中德、福不一致的情況，因此需要將生命的格局加以擴展，才能妥善解釋因應。從本土化的角度來看，要協助學生處理生命中重大事件的成敗經驗時，以傳統的因果報應或子孫承負觀點來豐富原有的成敗歸因理論，以協助個體解釋生命中可能遭遇的苦難與無奈，是非常重要且深具意義的！

由於「果報」或「承負」的傳統觀念並不接受「天命靡常」的觀點，因此，也就是說，個體的正向行為是可以幫助自己創造命運的，因

此，在教育上，對於鼓勵學生以正向行為來創造未來的命運，有其積極性的意義。但是這種傳統的命運歸因觀點，在幫助學生為生命中的無奈苦難覓得一個慰藉的出口之餘，如運用失當，也有可能如馬克思（Karl Marx）所言，成為麻痺人心的安慰劑，轉而形成宿命論的消極觀點。這種猶如雙面利刃的特點，在上述歷年的「臺灣地區社會變遷基本調查」結果已隱約呈現，應是學校生命教育及輔導上非常值得注意與關切之處。

當學生面臨再怎麼努力，其成功的機會都微乎其微的困境時（例如智能不足的學生想進入資優班），身為教師是否還應該以「繼續努力」、「加緊努力」來勉勵他呢？缺乏現實感、不斷地訴諸努力的歸因方式，恐怕超過學生的身心負荷。但是，過於強調「一切都是命」、「你要認命」的想法，是否又太流於宿命觀，而使學生在面對困難時退縮不前呢？在接受現實與超越自我之間，又應該如何拿捏呢？

筆者認為，生命教育與輔導的功能之一，在於培養學生的「安身立命」之道，因此，讓學生充分了解自己的能力、性向、人格特質是重要的，在這個基礎上，學生才能適切的決定何時應該全力以赴，何時又應該另謀發展，缺乏現實感的拚搏與淺嚐即止的放棄，都不是所謂的「安身立命」之道。然而，即使在理性的評估自己之後，認為有成功的機會，全力以赴就能成功了嗎？答案當然是否定的，人生總有許多莫可奈何的困境，這時，個體所需要的，不全然是苦難的免除，而是一個合理的歸因，適度的以運氣、宿命、果報、神佑等外在──不可控制的因素來解釋失敗，不全然是一種逃避的心態，而是有某種防衛機轉的效能。然而，須注意的是，這些歸因方式很容易造成學生未能積極正向地奮鬥，以有效解決問題的宿命論、凡事碰運氣、求神問卜等消極觀點，因此，在生命教育與輔導的過程中，仍宜培養學生在面對挑戰情境時，理性評估內外在條件以決定進退行止，無論全力以赴或另謀發展，都能夠盡人事的努力，並聽天命的釋懷，這才是真正傳道、授業、解惑的為師之道。

參考文獻

一、中文部分

何善蒙（2012）。佛教的傳入及其對傳統命論的改造：以李師政的《內德論・通命篇》為例。**哲學與文化，39**(7)，133-153。

杜時忠、程紅艷（2007）。「無德而富」與道德教育的根本性危機。**華東師範大學學報，25**(1)，20-27。

林偉（2006）。「三世」概念與「善惡報應」：佛教中國化的一個範例分析。**現代哲學，1**，90-95。

徐明生（2008）。「承負」與「輪迴」：道教與佛教兩種果報理論的比較。**江蘇科技大學學報，8**(2)，10-14。

張俊（2004）。宗教為德行許諾幸福－道教、佛教、基督教三模式。**世界宗教學刊，4**，135-153。

郭生玉（1984）。國小學童成敗歸因與學業成就、成就動機及成敗預期關係之研究。**教育心理學報，17**，51-72。

郭生玉（1996）。國中學生成敗歸因型態和學業冒險取向、學習失敗忍受力關係之研究。**教育心理學報，28**，59-75。

陳永發（1996）。國小高級學童學科學業成績、成敗歸因以及學科學業自我概念關係之研究。**測驗統計年刊，4**，125-178。

陳昱全（2011）。**民間宗教信仰因果報應觀：作為一種臺灣民眾日常生活的導引**。世新大學社會心理學系碩士論文（未出版）。

傅仰止、杜素豪主編（2009）。**臺灣地區社會變遷基本調查計畫：第五期第五次調查計劃執行報告**。臺北市：中央研究院民族學研究所。

傅仰止、章英華、杜素豪、廖培珊主編（2014）。**臺灣地區社會變遷基本調查計劃：第六期第五次調查計畫執行報告**。臺北市：中央研究院民族學研究所。

趙春娥（2008）。儒佛果報觀異同之比較：兼談佛教的本土化。**青海民族研究**，**3**，79-83。

劉滌凡（1999）。**唐前果報系統的建構與融合**。臺北市：臺灣學生書局。

蔡明昌（2018）。大學生果報信念量表的建構與發展之研究。**中華輔導與諮商學報**，**51**，181-216。

蔡明昌、曾素秋（2020）。大學生對生命重大事件成敗歸因之研究。**中華輔導與諮商學報**。（已接受刊登）。

戴弘政（2012）。護理學生對於英語寫作之成敗歸因。**長庚科技學刊**，**16**，141-169。

瞿海源主編（1994）。**臺灣地區社會變遷基本調查計畫：第二期第五次調查計劃執行報告**。臺北市：中央研究院民族學研究所。

二、英文部分

Kakar, S., & Kakar, K. (2007). *The Indians: Portrait of a people.* New Delhi, India: Viking/Penguin.

Maidinsah, H., Embong, R., & Wahab, Z. A. (2014). Causal Attribution for Success and Failure in Mathematics among MDAB Pre-Diploma Students. *AIP Conference Proceedings,* 763-768. doi:10.1063/1.4887686

Paranjpe, A. C. (1998). *Self and identity in modern psychology and Indian thought.* New York: Plenum Press. doi: 10.1177/097133360101300107

Rotter, J. B. (1966) Generalized expectancies for internal versus external control of reinforcement. *Psychological Monographs: General and Applied*, *80*, 1-28.

Weiner, B. (1972). Attribution theory, achievement motivation, and the educational process. *Review of Educational Research*, *42*(2), 203-215.

Weiner, B. (1979). A Theory of Motivation for Some Classroom Experiences. *Journal of Educational Psychology*, *71*(1), 3-25.

Weiner, B. (2010). The development of an attribution-based theory of motivation: A history of ideas. *Educational Psychologist*, *45*(1), 28-36.

DOI:10.1080/00461520903433596

Williams, M., Burden, R. L., Poulet, G. M., & Maun, C. (2004). Learners' per-
ceptions of their successes and failures in foreign language learning. *Lan-
guage Learning Journal, 30*, 19-29.

問題與討論 ．．．．．．．．．．．．．．．．．．．．．．．．．．．．．

1. 一般而言，一個人通常無法完全掌握自己的成敗，你認為在人生中面臨無法完全掌控的成敗經驗（尤其是失敗經驗）時，應該以什麼樣的態度來面對？

2. 在教育現場中，一味地教導學生「人定勝天」的信念是否恰當？如果你是一位中小學教師，你要如何教導學生面對生命中無可奈何的失敗？

建議延伸閱讀教材

王邦雄（1987）。**緣與命**。臺北：漢光文化。

第 7 章

開創教學現場中之美感素養
以中小學跨領域課程為例

林仁傑

國立臺中教育大學教育學系副教授

摘　要

　　本文旨在探討教育部於 2013 年發表《美感教育中長程計畫—第一期五年計畫》起，繼之 2014 年發表《中等學校跨領域美感教育實驗課程開發計畫》後，國內中小學教學現場實務工作者如何透過學校課程以及校內外活動推展美感教育。

　　本文導論首先說明由於筆者於 2019 年至 2020 年擔任「跨領域美感教育卓越領航計畫」師資培育大學諮詢委員之角色，因此透過執行計畫過程中，包含藉由出席總計畫之誓師大會與相關會議與其他團隊成員展開專業意見交流、主辦數場工作坊提供給師資生以及教學現場實務工作者、參與線上課程分享與中小學教師及主任對話和交流、審閱種子學校跨領域美感課程計畫並提供相關意見，以及親自與國立臺中教育大學之師資生演講並展開交流與對談等活動，提出「跨領域美感教育卓越領航計畫」如何扮演開展中小學校園裡美感教育之角色。

　　第二節「師資大學端的執行成果」則是說明「跨領域美感教育卓越領航計畫」的總計畫辦理情形，以及師資培育大學如何透過本計畫結合師資培育課程，辦理工作坊、教師專業社群，以及師生合作等方式推廣及設計跨領域美感課程。第三節「種子學校課程教案影音檔分析」則是聚焦「跨領域美感教育卓越領航計畫」的種子學校（包含國小、國中、高中職），執行本計畫過程當中之成果和所遭遇之問題，同時針對數份種子學校所提之課程計畫進行內容分析及評論，特別是這些課程所呈現之十二年國民基本教育當中的素養成分。最後筆者提出自身之觀察與反思，並且提出在執行本計畫之後於大學院校端以及中小學現場端所看到之問題。文末，筆者提出近年來相關產出之學術及實務相關研究，供有興趣之讀者進一步深入了解有關我國目前中小學教學現場端在推展美感素養時之現況發展。

壹 前言：跨領域美感教育卓越領航計畫

　　為使藝術教育之推展能具體落實，教育部於 2005 年編撰國家首部之《藝術教育政策白皮書》，規劃為期四年（2006 年至 2009 年）之國家藝術教育發展藍圖，亦於 2013 年提出《美感教育中長程計畫—第一期五年計畫（2014 年至 2018 年）》（教育部，2013）。2015 年，教育部修訂完成《藝術教育法》中諸多不合時宜之規定與文字；並且在 2018 年推動《美感教育中長程計畫—第二期五年計畫（108 年至 112 年）》（教育部，2018）。

　　然而數十年來教育部致力在中小學校園中落實美感素養，但仍有諸多缺失亟待改進。例如：李崗（2018）即曾為文點出美感教育與藝術教育在概念上之差異，然過去諸多政策和活動在落實和執行上，幾乎是劃上等號。

　　本節將重心聚焦在「跨領域美感教育卓越領航計畫」內容之介紹，並且說明總計畫、師資培育大學端、種子學校端如何透過互動設計出跨領域美感課程。第二節將焦點則是放在師資培育大學端在執行本計畫時，如何與師資培育學生、種子學校互動，設計跨領域美感課程。第三節則是深入分析在此計畫下，種子學校近年來所研發出之教案，與讀者一起分享與反思。最後則提出相關反思。

一、計畫介紹

　　本計畫最早是因應教育部（2014b）所制訂《中等學校跨領域美感教育實驗課程開發計畫》（第一期共兩年，為 2014 年至 2015 年），以及教育部（2016）《中等學校暨國小階段跨領域美感教育實驗課程開發計畫》（第二期共三年，為 2016 年至 2018 年）而誕生。目前教育部已於 2019 年正式推動第三期，主要也是由「跨領域美感教育卓越領航計畫」作為代表，本計畫官方網址為：https://www.inarts.world/

　　而本計畫之目標同時也影響整個「跨領域美感教育卓越領航計畫」之

執行方向（教育部，2016）：

㈠啟動串聯國小合作學校

以既有之中等教育跨領域美感課程為基礎，延伸至國民小學端，完整銜接十二年國民基本教育階段，全面普及跨領域美感課程理念與實務，推廣十二年國民基本教育方針。

㈡強化聯繫跨學科知識

透過計畫的展開，教師能循序漸進地提升教學品質，跨領域的課程能逐步擴展至各學科教學資源的整合，學生能吸收到更全面完備的知識經驗，使美感教育普及於學生的生活學習中而無所不在。

㈢整合各區域校際聯盟

鼓勵合作學校，共同參與課程開發及研究，進而改變學生學習方式，拓展學習新視野，並建立校際聯盟策略，將實驗學校及周邊鄰近學校加以整合，共同開發及分享跨領域教學資源，達到十二年國民基本教育中「強化學校課程發展機制，提升課程與教學領導功能」之目標。

㈣培育跨領域師資人才

於計畫既有之師培大學團隊，加入國民小學師資培育大學與其實驗小學，逐步擴展跨領域美感課程向下扎根。期待透過師培大學師資及師培生投入，將專業領域結合美感教育觀點，運用於師資培育的改革，提升職前教師的跨領域整合能力，並將相關成果與第一線教師資源交流，彼此支持共創、共享更多的實驗性教學方案。

因此為配合從九年一貫課程到十二年國民基本教育，「跨領域美感教育卓越領航計畫」同時亦聚焦在下列幾個目標（教育部，2003，2016）：

（一）推動國小階段跨領域美感課程，連貫十二年國教各學習階段，致力將跨領域美感課程推廣至學校課程規劃中，永續發展跨領域美感教育。

（二）拓展國小階段師培大學，融入跨領域美感至國小師資培育。

圖 1　跨領域美感教育卓越領航計畫官方網頁

　　（三）廣邀國小階段諮詢委員，豐富跨領域學科多樣化發展。

　　（四）推廣跨領域美感課程理念與實務，落實十二年國教方針。

　　然何謂跨領域美感課程呢？根據本計畫之說明：

　　跨領域美感課程是指，以藝術概念、美感元素與藝術資源等，融合並統整其他學科之教學，作為活化補助學科學習的媒介、資源與策略。課程規劃可包含下列面向：

　　　　（一）使用藝術媒介、藝術資源等素材，及應用藝術實作、藝術鑑賞等活動，補助與活化教學。

　　　　（二）就學科單元中與藝術領域交集之知識結構或美感共通性等，進行課程統整。整體課程概念如圖 2 所示：

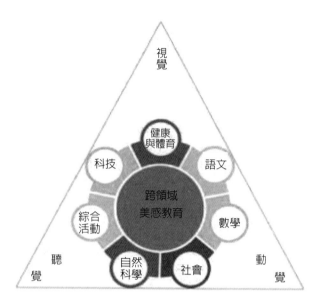

圖 2　跨領域美感課程概念圖

　　計畫實施時，與師資培育大學及諮詢委員成立共識會議，並組織各校藝術領域教師作為校內跨領域美感課程之發動者，串聯各縣市相關機構資源，組成跨領域美感課程團隊，並與學校教師共同研討與開發跨領域美感教育課程方案。因此，如圖 3 所示，總計畫團隊、師資培育大學、種子學校，其實是相輔相成的學習共同體概念。

　　誠如前言所述，第三期已於 2019 年開展。第三期計畫立基並擴充先前「中等學校暨國小階段跨領域美感教育實驗課程開發計畫」的成果，持續推動、深耕與輔導跨領域美感課程。除了多角化、多樣化開展課程方案跨領域廣度，精進各校教師設計跨領域美感特色課程之能力，以活化各學科教學，將跨領域美感教育推廣至各教育階段教學現場之外，更依據前期經驗，強化在地支持系統，串連地方師資培育大學作為跨領域美感課程旗艦基地，提供教學現場在地化的資源與輔導，並推派教師代表參加教育部美感教育工作之教師國外進修參訪遴選活動，透過國際交流進修參訪，體驗國外跨領域教育的觀摩及美學巡禮，同步提升職前教師與在職教師跨域美感素養。此外，也進一步連結全國各縣市機

構、師資培育、教育現場與社區資源，辦理師生參與之校外社區走讀之
工作坊、國際學者講座等增能活動，使跨領域美感課程理念，深植於各
學習階段。

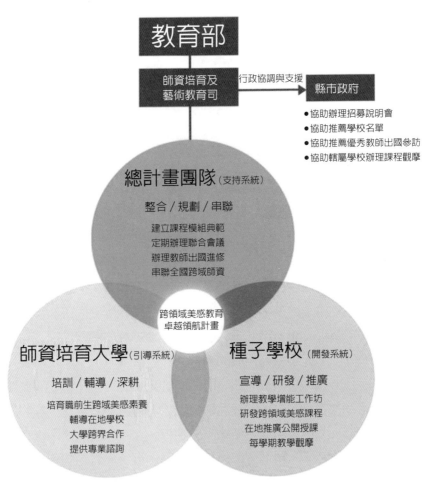

圖3　跨領域美感課程計畫「學習共同體」概念

表 1　本校執行計畫工作項目（含課程規劃及工作坊辦理）

工作項目	辦理方式 （按實際規劃增減）	執行內容（按實際規劃增減）
一 輔導種子學校進行跨領域美感計畫相關事務	1. 參與種子學校辦理之跨領域美感計畫相關活動。 2. 協助安排在職教師與師資生交流活動。	1. 參與種子學校協作會談、訪視會議、課程觀摩。 2. 定期到校協助跨領域美感課程共備。 3. 每學期安排一至二場本校表演藝術領域師資生前往中部地區種子學校進行教學參訪。
二 辦理大學端跨領域美感課程增能工作坊／講座	1. 協助辦理跨校、跨界合作之跨領域美感課程增能工作坊／講座，為師資生提供多元領域之增能。 2. 協助將師培大學拓展為計畫旗艦基地，發展校際聯盟作為諮詢與交流之據點。	1. 每學期舉辦兩場跨領域美感課程增能工作坊／講座。 2. 於大學端發展跨領域美感課程（聚焦表演藝術領域），透過師培課程講授期間，邀請中區輔導團、種子學校及師資生等共同參與。 3. 師培課程講授期間，邀請表演藝術領域專家學者演講，同時對外開放。
三 協助建構跨領域美感課程模組	1. 以本科為課程發展基礎，連結其他專業領域之師培教授，帶領師資生建立多面向之跨領域美感課程。 2. 協助種子學校開發跨領域美感課程案例，匯聚出跨領域美感課程模組。	1. 帶領師資生於計畫期程內開發兩則跨領域美感課程。配合108學年度起，將於本校師培中心開設「表演藝術領域教材教法」、「表演藝術領域教學實習」中進行。 2. 輔導種子學校發展跨領域美感課程模組。 3. 經開發之跨領域美感課程，將配合本校師培中心所舉行之教學演練，進行試教。同時邀請專家學者講評，並對外開放。
四 協助總計畫執行跨領域美感計畫相關事務	1. 參與總計畫團隊辦理之相關會議，成果巡迴展、各縣市計畫說明會、定期相關會議等。 2. 協助建構跨領域美感計畫理論／實務內容。	1. 參與總計畫團隊辦理之相關會議與活動。 2. 協助建構跨領域美感課程理論、實務論述。 3. 撰寫總計畫下轄本校所負責之子計畫，針對表演藝術領域之跨領域美感課程進行理論及實務建構。

二、課程成果交流

在整體課程內涵部分，為平衡各藝術領域與各學科之間的美感課程設計，搭配十二年國民基本教育階段，建構以學生為中心，關注學生生活經驗，引導學生自主自發詮釋與實踐所學之多元化跨領域美感課程，達到以學生為學習主體之教育目標，厚植核心素養，以及樹立多樣化美感素養之跨領域課程典範，建構更全面而永續的跨領域美感教育樣態，過去種子學校團隊與分區負責老師、師資培育大學委員會定期或不定期進入種子學校與該校團隊進行成果分享。

然而，由於 2020 年新冠疫情（COVID-19）肆虐，以中區為例，即在 2020 年 5 月 13 日，透過 google meet 系統，由國立臺中教育大學人文學院院長莊敏仁教授（同時為中區負責人）、國立臺灣藝術大學戲劇學系張連強副教授（中區師資培育大學委員），以及筆者（中區師資培育大學委員）共同舉辦課程成果分享，發表成果的學校包含：臺中市立南陽國小、臺中市私立大明高中、臺中市立文華高中、臺中市立烏日國中、臺中市立福陽國小及臺中市立文心國小等。

以福陽國小為例，學校結合歷史（讓學生了解自己的故鄉，豐原市，舊稱為葫蘆墩）、音樂、表演藝術，以及豐原在地的農作物，進行整合性課程之教授，最後也播放學生家長對於學校在跨域課程推動上之肯定，如圖 4。

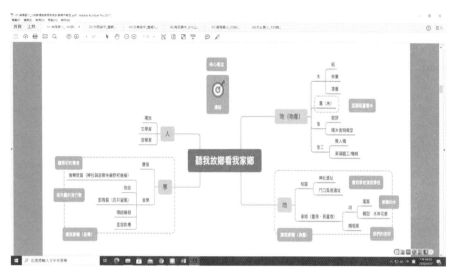

圖4　福陽國小「聽我故鄉看我家鄉」課程

大明高中則是結合數學課及美術課，讓學生透過摺紙了解到幾何原理當中有關「美」的原理原則，課程取名為「藝數摺學」，如圖5。

圖5　大明高中「藝數摺學」課程

　　烏日國中則是有別於其他學校，透過國文課程「琵琶行」，將音樂、表演藝術、國文、歷史、書法教學結合，讓學生透過跨領域課程之學習，了解到古文之優美、如何染布、傳統戲曲如何編排等，並且最後讓學生自行譜曲、設計橋段，演出「琵琶行」的戲劇，如圖6所示。

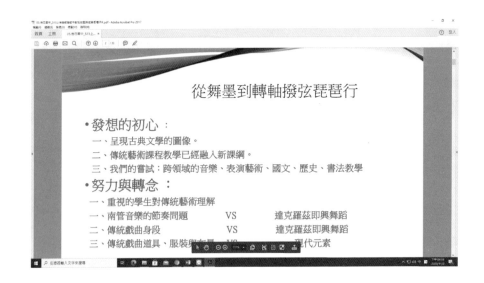

圖6　烏日國中「琵琶行」課程

　　2020年5月13日下午透過種子學校端進行課程分享，種子學校團隊成員、師資培育大學端之教師分別感受到種子學校端的創意無限，相當巧思的將「學科」與「非學科」進行跨域結合，同時善用科技媒體素材，更加激發學生之學習動機與參與度。

貳　師資大學端的執行成果

一、課程意見交流

　　師資大學端之委員除了加入總計畫團隊與種子學校的課程成果交流

分享之外，同時也協助提供另外其他種子學校課程開發時所遇到問題之相關諮詢，以及課程內容交流。筆者在這部分於 2020 年 3 月總共與 8 所學校進行課程規劃設計之意見交流。例如臺中市仁美國小提出「RE 568 ── E 世代的『文藝復興』」教案，設計理念說明：

> 課程教學方案主要結合廣達文教基金會「多才！多藝義大利文藝復興展」計畫展覽資源，透過課程教材為媒介，從歐洲義大利文藝復興，到發展在地老廟老街的 E 世代的「文藝復興」，連結多元文化、跨域觀摩與交流，學習時代精神與增進國際視野。以「學生為主體」的角度思考：「人與人相處，過去與現在有什麼不同？」從歐洲義大利文藝復興，如何看身處在地老廟老街的藝文活動？在過去科技不發達的年代，有什麼傳統美好的價值，值得我們珍惜收藏或與創新傳承的呢？以 E 世代「文藝復興」的美感作為藝術領域的主軸，使社會、語文、綜合、數學等領域產生連結，透過美感元素、藝術媒介、藝術資源、跨域文化、多元詮釋，與表現、鑑賞、實踐等，促進藝術參與社會服務的行動力。

值得一提的是，由於仁美國小除獲得本計畫之經費外，另外亦獲得廣達文教基金會專案補助，也因此在課程規劃與執行上，除了配合民間企業之專題展覽（歐洲義大利文藝復興）外，經費使用上也較無捉襟見肘之困境（這是多數學校反應在執行跨域美感課程計畫時所遇到的相同問題），如圖 7 所示。

另外，屏東縣高樹國小則展現創意，由於當地多數為客家聚落，為保留客家精神，該校結合歷史、地理、美術，以及表演藝術等課程，提出「客家舞獅演藝」主題，「以本校發展的客家舞獅為構想主題，追溯其淵源，並利用紙箱等回收物媒材，發揮自身創意做出客家獅頭，並以此演繹客家舞獅。」如圖 8 所示。

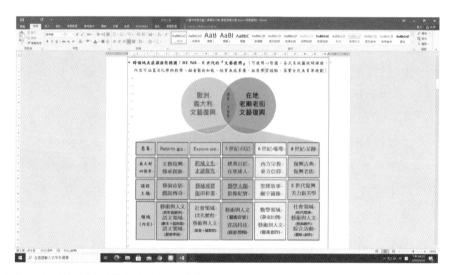

圖 7　仁美國小跨域美感課程概念圖

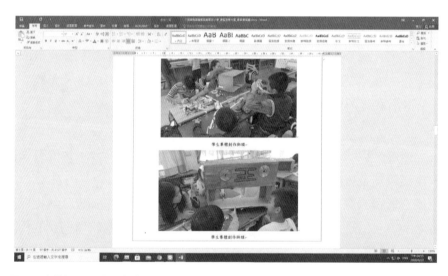

圖 8　高樹國小透過客家獅製作課程保留客家文化

　　臺東縣馬蘭國小則是透過課程，讓當地的小孩子了解到自己故鄉有名的運動員的奮鬥故事，包含：郭婞淳、盧彥勳以及楊傳廣，藉由這些故事的了解及跨域學習過程，透過皮影戲之方式表現，達到美感素養之學習。

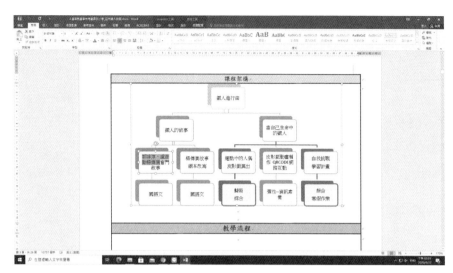

圖9　馬蘭國小「鐵人進行曲」課程架構

上述所提課程教案，筆者在與三校執行團隊分享意見交流時，除了感受到教師們的創意無限，能夠將「學科」與「非學科」進行結合，甚至體現出在地文化精神，莫不感到佩服。

二、工作坊之辦理

師資培育大學端除了上述所列舉參與總計畫團隊和種子學校有關課程開發與設計的相關意見交流分享活動（含線上交流以及實地訪視）之外，同時還肩負辦理相關工作坊，促進師資培育生以及中小學種子教師進行交流和教案開發設計之任務，誠如圖10所示。

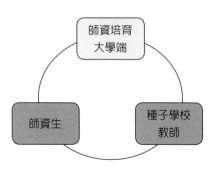

圖10　工作坊促進三方開發及設計課程

　　以國立臺灣體育運動大學為例，因為本校所培育師資類科為中等教育學程、健體領域及表演藝術領域。然為了促進更多師資生參與活動，因此活動宣傳部分會邀請如國立臺中教育大學、國立彰化師範大學、國立暨南國際大學、東海大學、靜宜大學等中部師資培育大學之師資生參與。至於在職教師部分，工作坊舉辦之前也會力邀中部五縣市（苗栗縣、臺中市、南投縣、彰化縣、雲林縣）的教師（種子及非種子學校；專任、代理代課及實習老師）等共同參與。

㈠跨領域美感素養與舞蹈體現工作坊

　　本次工作坊邀請國立清華大學幼兒教育學系劉淑英教授、國立臺中教育大學人文學院莊敏仁院長前來指導，參與學員包含本校及外校師資生、實習學生、種子及非種子學校教師。透過本次工作坊舉辦，大家集思廣益討論如何透過學校課程之融合統整，設計一門具備美感素養之課程。

圖 11　劉淑英教授前來指導學員工作坊之進行

㈡跨領域美感課程教學方案工作坊

　　為求本校及外校師資生、實習學生、種子及非種子學校教師具備足夠專業知能設計跨領域美感課程，因此本系列總共安排三次工作坊，並

且邀請臺中市立三光國中謝志沛老師（本校舞蹈學系畢業校友）前來進行分享並和參與學員交流。

　　本系列邀請本校師培生與各地在職教師進行研習，三次皆以不同主題呈現，分別為：如何設計跨領域美感課程教學方案、表藝課程教學方案以及檢視 108 課綱中之表藝課程。2020 年 4 月 21 日為第一次工作坊課程，教師透過肢體多元性，融合表演藝術與自然科學花序成長，增強學生表達能力、了解自身身體意象，同時加深對於自然科學的認知。教學過程循序漸進，教師融入生活經驗從單一想像到複雜練習，最後透過小組合作展現完整的肢體呈現。此次工作坊不僅提升了學生認知加深、肢體表達與美感素養，最重要的是透過豐富與趣味化的教學使學生保持學習動機，成為終身學習者。

圖 12　第一場工作坊之暖身活動

　　5 月 19 日接續辦理第二場，以「表藝課程教學方案設計與實施」為題，分享課程規劃安排及實施教學技巧，透過實際課堂小活動，分組合作學習，引導參與者以自發、互動、共好的精神一同進行。

　　活動主要分為三大環節，第一部分謝志沛老師運用心智圖之特

色，讓參與者分組討論出課程設計的重點。第二部分為分組圍圓猜自身
頭上之卡片內容，運用封閉式提問進行，導入聚斂思維來分析教學要如
何精準。第三部分以三人分工模式，合作排出與題目一樣之撲克牌組合
圖形，藉以訓練指導者（教師）表達能力及答題者（學生）的表達力。
此次工作坊匯聚了臺體大師資生、中教大實小音樂教師、國立彰化特殊
教育學校秘書及大華國民中學表演藝術代理教師，不同的角色進行溝通
交流，讓彼此不同的觀點激發出更多教學可能性。

　　5 月 26 日為第三場工作坊課程，謝志沛老師帶領所有學員重新檢
視 108 課綱。當中包含了「何謂素養？」「何謂素養導向教學？素養導
向評量？」進而透過活動之實施以及小組討論，學員特別針對「藝術涵
養與美感素養」進行反思。活動的中間段，志沛老師也分享了幾所學校
的表藝教案，讓學員可以了解到國高中的表藝課程如何與傳統學術科目
（例如國、英、數）進行跨領域之結合。此次工作坊不僅提升了學生認
知加深與美感素養，最重要的是透過豐富與趣味化的教學使學生保持學
習動機，成為終身學習者。

㈢跨領域美感課程計畫：國際素養觀點工作坊

　　2020 年 6 月 14 日本計畫邀請美感素養與教學實務經驗豐富的張晨
昕老師（新北市立青山國民中小學）及林美宏老師（彰化縣立北斗國中）
協助本校及外校師資生、實習學生、種子及非種子學校教師，共同從國
際觀點審視如何設計跨領域美感之課程計畫。

　　此次舉辦，學員甚至走出教室，進到舊有臺中市市長官邸（目前已
列為古蹟）進行工作坊，探討舊有建築物古蹟之保存與維護，相當具特
色之工作坊。

圖 13 於臺中市舊有市長官邸舉辦工作坊

圖 14 林美洪老師帶領學員發表課程教案設計成果

參 種子學校課程教案影音檔分析

　　上述針對「跨領域美感教育卓越領航計畫」進行介紹以及種子學校課程教案分析之外（這些課程教案皆可於跨領域美感教育卓越領航計畫官方網站下載），本節將從該網站針對數位課程教案影音檔進行分析。同時，由於種子學校執行本計畫時亦須將計畫成果拍攝成影片，因此該網站同時提供免費線上影音短片，對於一般讀者可說是相當豐富之資源。本計畫同時利用 Facebook 以及 Youtube 與一般大眾互動。（圖15、圖16、圖17、圖18 資料來源為下載自跨領域美感教育卓越領航計畫官方網站。）

圖 15　臺師大跨領域美感教育卓越領航計畫 Youtube 網站

一、教案一：名畫非常色

學　　校：臺中市立居仁國民中學

跨 領 域：「健體領域」與「視覺藝術」之結合

教學內容：本課程於美術老師任教的班級實施（105、109、113、117、

121，共計五個班），課程於 108 年 10 月初開始進行，共
18 節課。課程內容兼具眼部健康照護及色彩概念進行分
組合作學習。課程模式採用科技融合課程，以眼部構造與
疾病保健為主要議題，融合健康與視覺藝術的應用學習。
透過顏水龍所設計端容眼科的丁掛牆面壁飾，認識眼疾症
狀，並運用木質色塊模擬丁掛型式，進行印象畫類色盲的
色彩視界拼組。

教學目標：

1. 能理解眼睛的結構、作用，及眼睛疾病成因，並體驗色
   彩的形成與色階的差異。
2. 能體會舊城區建築之美，並以木質色塊模擬二丁掛形
   式，分析名畫色彩後，進行類色盲的視界拼組。

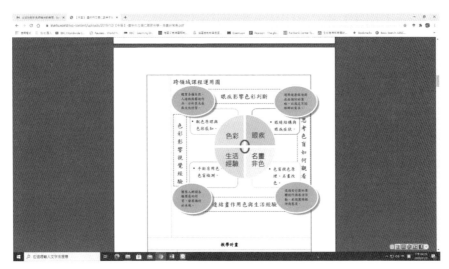

圖 16　居仁國中「名畫非常色」跨域課程

二、教案二：美麗的漁村

學　　校：臺東縣三民國小暨和平分校
跨 領 域：表演藝術、自然領域、社會領域、語文領域

教學內容：本美感教育課程，教師共同研擬主題，並統整課程內容，
　　　　　利用自然科、國語科、社會科、藝文科四科的課程進行教
　　　　　學。以社會科透過認識家鄉，臺東成功海港環境，船隻停
　　　　　泊港口，進行水的浮力教學，觀察漁市場的日常，於語文
　　　　　科將所見所聞進行聽到、聞到、看到、吃到、摸到五感編
　　　　　劇創作，最後利用藝文科將創作劇本搭配傳統歌謠作歌舞
　　　　　劇演出。

藉由在地生活及阿美族文化，切入自然領域教學中認識水的
篇章，激起學生學習共鳴，並探討在地阿美族人文及漁獵
傳統所面臨困境，進而能進一步關懷海洋生態視野。利用
藝術領域所學習到戲劇及音樂素養，針對漁港生活以及傳
統文化設計出對話及劇本表達心中感想，並製作海洋元素
道具布景。最後結合以上所學，透過表演藝術展現阿美族
傳統捕魚風情文化，進而培養欣賞生活及文化的美，打開
心用美麗的視野觀看生活周遭事物。

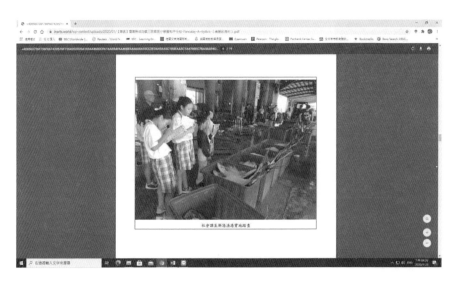

圖17　臺東縣三民國小暨和平分校跨域課程

三、教案三：穿梭古今來說書

學　　校：高雄市立小港高級中學

跨 領 域：歷史、美術

教學內容：教師先行討論可同時執行的時間與內容，分別在歷史課與
　　　　　美術課程中講述：歷史課程著重在事件的起因、轉折、影
　　　　　響、人物性格等等，美術課程著重於中國藝術的特色、表
　　　　　現方法、故事內容的呈現等等。等基礎知識完備之後，以
　　　　　每組一張圖進行繪畫史研究。討論時由兩位老師共同協助
　　　　　學生，在學習完研究方法後，再讓學生針對歷史故事進行
　　　　　創意改編，仿宋人說書形式進行表演，最後於美術課執行
　　　　　紙牌設計。

　　　　　在歷史教學現場中，因為課本結構的關係，常常是條列式說
　　　　　明，少了故事的鋪陳，讓學生理解知識的部分太過片段，
　　　　　於是想透過歷史與繪畫的「故事性」，連結學生的學習經
　　　　　驗，將「人文與感覺」放入教學現場，進行故事的體驗與創
　　　　　造。

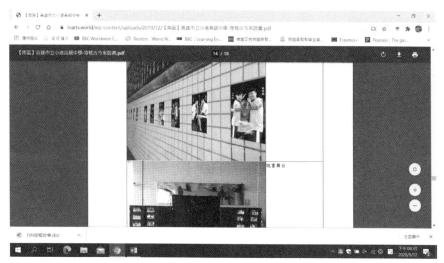

圖 18　高雄市立小港高級中學跨域課程

四、教案四：小島故事

學　　校：連江縣立介壽國民中小學

跨 領 域：自然與生活科技領域、視覺藝術

教學內容：本課程以自編教材為主，融合社會領域（本土）、自然與生活科技領域以及藝術與人文領域，以馬祖國家風景管理區近年來推動的馬祖地質公園為學習主軸，將學子所在的南竿島景點依地質生態、戰地風光、宗教文化以及聚落建築區分為四大類，在課程的最後產出帶有南竿島在地特色的桌遊。學習的歷程中，學生團隊合作運用資訊設備蒐集景點資料，並結合創意發想設計桌遊內容，期間藝術與人文教師引導學生在桌遊設計過程中，融入簡化的景點圖樣以及利用不同的色彩區分各圖樣的特色區塊。

馬祖是偏處臺灣北部的一個小島，其地理位置更為靠近中國大陸，擁有臺灣本島所沒有的傳統建築、在地方言是初來乍到之旅客聽不懂的閩東語、宗教習俗也不同於閩南或客家，兼之作為 50 年來的戰地前線，其風土民情有其獨特之處。然無論是課本內容或網路資訊，新一代的學子們常接觸的卻是與家鄉風俗不同的知識內容，對於自己土生土長的家鄉，卻未必有多少熟悉之感。

在思考如何讓學生去親近家鄉、認識家鄉的過程中，團隊有了一個發想：與其全由老師在臺上教，不如讓學生自己有機會去探索。因此，本教案採用馬祖國家風景區界定的地質公園分類：地質生態、戰地風光、宗教文化、聚落建築，並讓學生以南竿區生活周遭環境為範疇，進行此四類景點的調查與分類，最後並秉持著做中學的理念，讓學生以調查所得的素材自行設計桌遊，產出具有家鄉特色的跨領域成品，期間並在桌遊中融入各景點資料，在遊戲中回答相關在地問題，使成品可作為認識家鄉的教材使用，達到寓教於樂的目的。

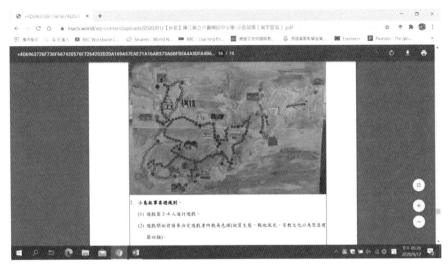

圖 19　連江縣立介壽國民中小學跨域課程

肆　教育實踐與課程素養對應說明

　　為因應教育部（2014a）所推行之《十二年國民基本教育課程綱要》中之九大核心素養，「跨領域美感教育卓越領航計畫」在與各師資培育大學、全國種子學校在開發課程教案時，皆探討如何透過教案及現場教學將九大核心素養融入十二年國民基本教育當中。108 課綱九大核心素養如圖 20 所示。

　　例如以前述教案一由居仁國中所開發之教案「名畫非常色」，除了融入「藝術涵養與美感素養」之外，同時透過老師與學生上課之互動，以及各種教學方式進行，同時亦達到其他八種素養完成。舉例來說，教師透過各式科技媒材進行教學，同時學生亦透過科技媒材進行合作式學習，學習過程當中達到「科技資訊與媒體素養」之完成。

　　教案二由臺東縣三民國小暨和平分校所開發之「美麗的漁村」，除了達到九種核心素養之養成外，值得一提的是，該教案協助學生反思在地文化，以及了解世界各國的傳統產業變遷，特別突顯出「多元文化及

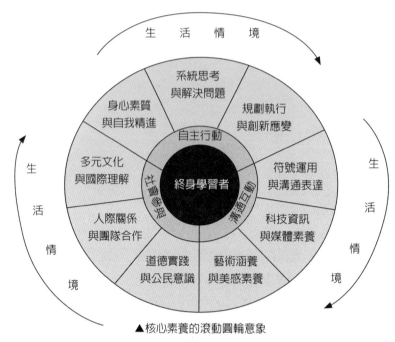

▲核心素養的滾動圓輪意象

圖20　108課綱九大核心素養

「國際理解」此素養之重要性，可謂相當之用心。

　　教案三由高雄市立小港高級中學所開發之「穿梭古今來說書」，藉由同學之間彼此合作開發舞臺劇，如何將古代的說書用現代方法來呈現，在在考驗學生之創造力。同時，每位學生也必須透過溝通、合作、解決問題等過程來完成此堂課程。過程當中，實能讓同學了解到合作之重要性。因此本教案除達到九大核心素養之外，同時亦特別強調在「規劃執行與創新應變」以及「人際關係與團隊合作」素養之重要性。

　　教案四由連江縣立介壽國民中小學所開發之「小島故事」，與教案二有異曲同工之妙，都是協助學生重新了解自己的家鄉文化，也是將九大核心素養皆融入教案當中。不過特別的是，本教案最終還開發出桌遊，讓學生透過桌遊之學習方式，了解自身家鄉文化，加強學生學習動機。

　　素養導向之教學已成為教育部在推動十二年國民教育當中相當重

要之主軸，教學現場實務工作者如何透過團隊合作，設計一份跨領域教案，在在考驗每位教育者（蔡清田，2018，2019）。「跨領域美感教育卓越領航計畫」除探討如何將美感素養融入各教學現場當中，同時強調跨領域，以及「藝術涵養與美感素養」與其他八大核心素養之結合。特別是近年來相當強調國際化、科技化，透過科技媒材協助教學現場實務工作者進行美育之教學，已是本計畫相當重要之主軸之一（陳昱宏，2017）。

(伍) 結論

本文說明「跨領域美感教育卓越領航計畫」於 2014 年起，由國立臺灣師範大學領軍，結合各地師資培育大學以及中小學種子學校推動美感教育，至今也有一定成果，然未來也有需要克服之問題。透過本文之介紹可以了解到該計畫在邁入第七年時，所具體展現之成果及貢獻；對於未來中小學現場教學實務工作者如何透過跨領域合作，將國際化、在地化及科技化等核心概念，進行美育教學，藉此協助學生達到核心素養，應有一定之幫助與了解。

特別的是，由於筆者於 2019 年至 2020 年適逢擔任師資培育大學端之諮詢委員，透過執行計畫過程中，參與和總計畫團隊以及種子學校的相關活動互動中，體認到現場在職教師之創意無限，從上述的線上課程成果交流（包含南陽國小、大明高中、文華高中、烏日國中、福陽國小及文心國小）、課程教案規劃設計交流（包含仁美國小、高樹國小、馬蘭國小），以及種子學校課程教案影音檔分析（包含居仁國中、三民國小暨和平分校、小港高中、介壽國民中小學），從中統整出跨領域美感課程近年來之重心主軸包含：「學科」與「非學科」之統整融合、跨校資源之運用、科技媒材之使用、國際化與在地化主題之思辨、大專院校與中小學校緊密合作交流等（上述這些學校之課程成果、教案，皆可於

跨領域美感教育卓越領航計畫官方網站詳見）。筆者除了佩服執行本計畫之中小學種子學校教師團隊所設計出之相當饒負趣味且具有教育意味之跨域美感課程之外，臺灣美感教育在中小學校園之落實開展又更向前邁向一大步。

參考文獻

李崗（2018）。臺灣美育政策的再商榷：以《美感教育中長程計畫》為核心的討論。**臺灣教育哲學**，**2**(2)，33-62。

教育部（2003）。國民中小學九年一貫課程綱要藝術與人文學習領域。臺北市：作者。

教育部（2013）。美感教育中長程計畫—第一期五年計畫（103年至107年）。臺北市：作者。

教育部（2014a）。十二年國民基本教育課程綱要。臺北市：作者。

教育部（2014b）。中等學校跨領域美感教育實驗課程開發計畫（第一期）。臺北市：作者。

教育部（2016）。中等學校暨國小階段跨領域美感教育實驗課程開發計畫（第二期）。臺北市：作者。

教育部補助辦理藝術教育活動實施要點（2013年，12月19日）。

陳昱宏（2017）。融入美感於學習媒材之省思。**臺灣教育評論月刊**，**6**(9)，285-287。

蔡清田（2018）。**核心素養的課程發展**。臺北市：五南。

蔡清田（2019）。**核心素養的學校本位課程發展**。臺北市：五南。

藝術教育法（2015年，12月30日）。

問題與討論 ....

1. 〔針對一般學生〕

未來社會所需要的人才，是能在科技時代中運用美感與創意，具備多元競爭力的人才。試反思自身有哪些美感素養特質？同時未來自己有興趣之職業或工作領域，可能需要哪些美感知能與素養？自己如何在求學過程當中以及畢業後在社會裡頭養成？

2. 〔針對師資生〕

嘗試與自己不同學科／領域之同學，合力設計一份結合學科（例如國、英、數等）與非學科（例如美術、表演藝術等）之美感素養教案，並在當中說明此教案可以協助學生達到九大核心素養當中哪些素養。（可參考跨領域美感教育卓越領航計畫課程方案庫，https://www.inarts.world/resource/）

建議延伸閱讀教材

期刊類：

《美育》雙月刊，國立臺灣藝術教育館發行，每年1、3、5、7、9、11月出刊。

《國際藝術教育學刊》半年刊，國立臺灣藝術教育館發行，每年7、12月出刊。

專書類：

國立臺灣藝術教育館（編）（2016）。**閱讀，美的可能**。臺北市：編者。

蕭炳欽（編）（2003）。**世界重要國家中小學藝術教育課程統整模式參考手冊**。臺北市：國立臺灣藝術教育館。

網站類：

臺灣藝術教育網，https://ed.arte.gov.tw/ch/index.aspx

國立臺灣藝術教育館，https://www.arte.gov.tw/

教師表演藝術及新媒體藝術研習計畫（美感教育第一期五年計畫），
　　　https://ae.tnua.edu.tw/
教師表演藝術及新媒體藝術研習計畫（美感教育第二期五年計畫），
　　　https://ae.tnua.edu.tw/
跨領域美感教育卓越領航計畫，https://www.inarts.world/

國家圖書館出版品預行編目資料

教學藝術：素養、創新、多元、議題／洪如
玉，吳瓊洳，陳聖謨，葉譯聯，黃繼仁，
蔡明昌，林仁傑著；洪如玉主編. －－初
版. －－臺北市：五南圖書出版股份有限公
司，2021.04
　　面；　公分
　　ISBN 978-986-522-443-1（平裝）

1.師資培育　2.文集

522.07　　　　　　　　　　110000625

1I3W

教學藝術：素養、創新、多元、議題

主　　　編 ― 洪如玉（168.3）

作　　　者 ― 洪如玉、吳瓊洳、陳聖謨、葉譯聯、黃繼仁
　　　　　　　蔡明昌、林仁傑

發 行 人 ― 楊榮川

總 經 理 ― 楊士清

總 編 輯 ― 楊秀麗

副總編輯 ― 黃文瓊

責任編輯 ― 李敏華

封面設計 ― 姚孝慈

出 版 者 ― 五南圖書出版股份有限公司

地　　　址：106台北市大安區和平東路二段339號4樓

電　　　話：(02)2705-5066　　傳　　真：(02)2706-6100

網　　　址：https://www.wunan.com.tw

電子郵件：wunan@wunan.com.tw

劃撥帳號：01068953

戶　　　名：五南圖書出版股份有限公司

法律顧問　林勝安律師事務所　林勝安律師

出版日期　2021年4月初版一刷

定　　　價　新臺幣300元

經典永恆・名著常在

五十週年的獻禮 —— 經典名著文庫

五南，五十年了，半個世紀，人生旅程的一大半，走過來了。
思索著，邁向百年的未來歷程，能為知識界、文化學術界作些什麼？
在速食文化的生態下，有什麼值得讓人雋永品味的？

歷代經典・當今名著，經過時間的洗禮，千錘百鍊，流傳至今，光芒耀人；
不僅使我們能領悟前人的智慧，同時也增深加廣我們思考的深度與視野。
我們決心投入巨資，有計畫的系統梳選，成立「經典名著文庫」，
希望收入古今中外思想性的、充滿睿智與獨見的經典、名著。
這是一項理想性的、永續性的巨大出版工程。
不在意讀者的眾寡，只考慮它的學術價值，力求完整展現先哲思想的軌跡；
為知識界開啟一片智慧之窗，營造一座百花綻放的世界文明公園，
任君遨遊、取菁吸蜜、嘉惠學子！